反电信网络诈骗
实务指引与关联犯罪追诉、量刑标准

郭旨龙◎编著

FAN DIANXIN WANGLUO ZHAPIAN
SHIWU ZHIYIN YU GUANLIAN FANZUI
ZHUISU LIANGXING BIAOZHUN

中国法制出版社
CHINA LEGAL PUBLISHING HOUSE

前　言

　　电信网络诈骗犯罪是伴随着电信网络技术本身的发展和社会的应用而不断在全世界变异的犯罪类型。各个法域都根据自身的法律体系和犯罪情况更新了应对的机制。

　　立法与司法对电信网络诈骗犯罪危害性的认识发生了升级换代。2016年《关于办理电信网络诈骗等刑事案件适用法律若干问题的意见》认为，此类犯罪严重侵害人民群众财产安全和其他合法权益，严重干扰电信网络秩序，严重破坏社会诚信，严重影响人民群众安全感和社会和谐稳定，社会危害性大，人民群众反映强烈。2022年《反电信网络诈骗法》第1条规定，为了预防、遏制和惩治电信网络诈骗活动，加强反电信网络诈骗工作，保护公民和组织的合法权益，维护社会稳定和国家安全，根据宪法，制定本法。

一、电信网络诈骗犯罪严重危害公民人身、财产等合法权益

　　《关于办理电信网络诈骗等刑事案件适用法律若干问题的意见》规定，实施电信网络诈骗犯罪，达到相应数额标准，造成被害人或其近亲属自杀、死亡或者精神失常等严重后果的，酌情从重处罚。电信网络诈骗容易造成恶劣社会影响，特别是造成对公共安宁的冒犯。它严重影响人民群众安全感，导致人民群众的愤怒、害怕、担忧等不安状态。

二、电信网络诈骗犯罪严重影响社会稳定

　　《关于办理诈骗刑事案件具体应用法律若干问题的解释》第2条规定，诈骗公私财物达到相应数额标准，且是通过发送短信、拨打电话或者利用互联网、广播电视、报刊杂志等发布虚假信息，对不特定多数人实施诈骗的，可以酌情从严惩处。《关于办理电信网络诈骗等刑事案件适用法律若干问题的意见》规定，实施电信网络诈骗犯罪，达到相应数额标准，具有下列情形之一的，酌情从重处罚：诈骗残疾人、老年人、未成年人、在校学生、丧失劳动能力人的财物，或者诈骗重病患者及其亲属财物的；诈骗救灾、抢险、

防汛、优抚、扶贫、移民、救济、医疗等款物的；以赈灾、募捐等社会公益、慈善名义实施诈骗的。

三、电信网络诈骗犯罪严重干扰电信网络秩序，严重破坏社会诚信

个别电信网络诈骗被害人的死亡加剧了电信、网络乃至金融制度易被滥用的公共信用贬损，极大引发了公众对社会重要制度安全的不信任和无信心。公民无论是在室内还是在室外，无论是在城市还是农村，无论是在白天还是在黑夜，都需要以可信的方式利用电信网络进行社会交往和个人发展，但电信网络诈骗犯罪破坏了这种可信度。

四、电信网络诈骗犯罪严重危害通信、互联网、金融等国家重大领域的治理与安全

诈骗犯罪的信息化与跨国化交织严重威胁了网络安全和国家安全。《反电信网络诈骗法》第3条规定，打击治理在中华人民共和国境内实施的电信网络诈骗活动或者中华人民共和国公民在境外实施的电信网络诈骗活动，适用本法。境外的组织、个人针对中华人民共和国境内实施电信网络诈骗活动的，或者为他人针对境内实施电信网络诈骗活动提供产品、服务等帮助的，依照本法有关规定处理和追究责任。

五、电信网络诈骗犯罪中的信息数据涉及总体国家安全

侵犯公民个人信息是百罪之源，可能影响公民人身、财产安全乃至总体国家安全。《数据安全法》第4条规定，维护数据安全，应当坚持总体国家安全观，建立健全数据安全治理体系，提高数据安全保障能力。《数据出境安全评估办法》第4条规定："数据处理者向境外提供数据，有下列情形之一的，应当通过所在地省级网信部门向国家网信部门申报数据出境安全评估：（一）数据处理者向境外提供重要数据；（二）关键信息基础设施运营者和处理100万人以上个人信息的数据处理者向境外提供个人信息；（三）自上年1月1日起累计向境外提供10万人个人信息或者1万人敏感个人信息的数据处理者向境外提供个人信息；（四）国家网信部门规定的其他需要申报数据出境安全评估的情形。"

《反电信网络诈骗法》为电信网络诈骗犯罪的刑事司法提出了新的指引和要求。为此，本书从"《反电信网络诈骗法》对电信网络诈骗犯罪案件办

案的影响""电信网络诈骗相关问题解读""电信网络诈骗证据的收集与审查判断""电信网络诈骗关联犯罪追诉、量刑标准""电信网络诈骗典型案例评析""相关法律规范"六个方面进行系统梳理，为我国接下来的电信网络诈骗犯罪的综合治理提供参考。

本书的出版，要感谢中国法制出版社的信任，感谢我的研究生郝洁同学在文件资料收集、整理方面的得力帮助。时间有限，疏漏难免。期待读者批评指正。让我们共同对电信网络诈骗犯罪的深层治理略尽绵薄之力。

郭旨龙

2023年2月

目 录

第一章 《反电信网络诈骗法》对电信网络诈骗犯罪案件办案的影响 ………… 1

第二章 电信网络诈骗相关问题解读 ……………………………………… 7

  第一节 电信网络诈骗犯罪的界定 …………………………………… 7

    一、罪与非罪 …………………………………………………… 7

    二、此罪与彼罪 ………………………………………………… 11

  第二节 电信网络诈骗的犯罪形态 …………………………………… 13

    一、既遂的认定标准 …………………………………………… 13

    二、可以查证诈骗数额的未遂 ………………………………… 15

    三、无法查证诈骗数额的未遂 ………………………………… 15

  第三节 诈骗数额及发送信息、拨打电话次数的认定 ……………… 17

    一、诈骗数额的认定 …………………………………………… 17

    二、发送信息、拨打电话次数的认定 ………………………… 18

  第四节 电信网络诈骗的处罚 ………………………………………… 19

    一、就高确定量刑起点 ………………………………………… 19

    二、十种酌定从重处罚情节 …………………………………… 19

    三、"其他严重情节""其他特别严重情节"的认定 ………… 20

    四、严格限制缓刑适用 ………………………………………… 21

  第五节 共同犯罪及主从犯责任的认定 ……………………………… 22

    一、电信网络诈骗犯罪集团认定标准 ………………………… 22

    二、主犯、从犯责任承担标准 ………………………………… 24

    三、关联犯罪事前通谋的认定 ………………………………… 27

第三章 电信网络诈骗证据的收集与审查判断 …………………………… 30

  第一节 电子数据的收集与审查判断 ………………………………… 30

    一、电子数据的收集 …………………………………………… 30

二、电子数据审查判断 ………………………………………… 31
　第二节　境外证据的收集与审查判断 ……………………………… 33
　　一、证据来源合法性的审查 …………………………………… 33
　　二、证据转换的规范性审查 …………………………………… 34
　　三、其他来源的境外证据的审查 ……………………………… 34

第四章　电信网络诈骗关联犯罪追诉、量刑标准 ……………………… 35
　　一、侵犯公民个人信息罪 ……………………………………… 35
　　二、扰乱无线电通讯管理秩序罪 ……………………………… 37
　　三、掩饰、隐瞒犯罪所得、犯罪所得收益罪 ………………… 38
　　四、招摇撞骗罪 ………………………………………………… 39
　　五、妨害信用卡管理罪 ………………………………………… 40
　　六、拒不履行信息网络安全管理义务罪 ……………………… 41
　　七、非法利用信息网络罪 ……………………………………… 43
　　八、帮助信息网络犯罪活动罪 ………………………………… 44

第五章　电信网络诈骗典型案例评析 …………………………………… 46
　　一、易某某、连某某等 38 人诈骗、组织他人偷越国境、偷越国境、帮助信息网络犯罪活动、掩饰、隐瞒犯罪所得案 ……………………………………………………… 46
　　二、吴某某等 5 人诈骗案 ……………………………………… 48
　　三、黄某等 3 人诈骗案 ………………………………………… 49
　　四、邓某某等 6 人诈骗、侵犯公民个人信息案 ……………… 51
　　五、隆某某帮助信息网络犯罪活动案 ………………………… 52
　　六、薛某帮助信息网络犯罪活动案 …………………………… 53
　　七、陈某某等 7 人诈骗、侵犯公民个人信息案 ……………… 55
　　八、朱某等人诈骗案 …………………………………………… 56
　　九、林某、胡某某诈骗案 ……………………………………… 57
　　十、董某等 73 人虚拟货币诈骗案 …………………………… 59

第六章　相关法律规范 …………………………………………………… 61
　中华人民共和国反电信网络诈骗法 ……………………………… 61
　（2022 年 9 月 2 日）

目 录

中华人民共和国个人信息保护法 …………………………………… 71
　　（2021年8月20日）

中华人民共和国数据安全法 …………………………………………… 83
　　（2021年6月10日）

中华人民共和国刑法（节录）………………………………………… 89
　　（2023年12月29日）

中华人民共和国民法典（节录）……………………………………… 93
　　（2020年5月28日）

中华人民共和国刑事诉讼法（节录）………………………………… 95
　　（2018年10月26日）

中华人民共和国网络安全法（节录）………………………………… 103
　　（2016年11月7日）

中华人民共和国反洗钱法 …………………………………………… 105
　　（2006年10月31日）

最高人民法院、最高人民检察院、公安部关于办理信息网络犯罪
　　案件适用刑事诉讼程序若干问题的意见 ……………………… 110
　　（2022年8月26日）

最高人民法院、最高人民检察院、公安部关于办理电信网络诈骗
　　等刑事案件适用法律若干问题的意见（二）………………… 115
　　（2021年6月17日）

人民检察院办理网络犯罪案件规定 ………………………………… 118
　　（2021年1月22日）

最高人民法院、最高人民检察院关于办理非法利用信息网络、帮
　　助信息网络犯罪活动等刑事案件适用法律若干问题的解释 … 129
　　（2019年10月21日）

最高人民法院、最高人民检察院关于办理侵犯公民个人信息刑事
　　案件适用法律若干问题的解释 ………………………………… 133
　　（2017年5月8日）

最高人民法院、最高人民检察院、公安部关于办理电信网络诈骗
　　等刑事案件适用法律若干问题的意见 ………………………… 136
　　（2016年12月19日）

3

最高人民法院、最高人民检察院、公安部、工业和信息化部、中
　　国人民银行、中国银行业监督管理委员会关于防范和打击电信
　　网络诈骗犯罪的通告 ………………………………………… 142
　　　　（2016年9月23日）
中国人民银行、工业和信息化部、公安部、国家工商行政管理总
　　局关于建立电信网络新型违法犯罪涉案账户紧急止付和快速冻
　　结机制的通知 …………………………………………………… 144
　　　　（2016年3月18日）
全国人民代表大会常务委员会关于加强网络信息保护的决定 ………… 147
　　　　（2012年12月28日）
最高人民法院、最高人民检察院关于办理诈骗刑事案件具体应用
　　法律若干问题的解释 …………………………………………… 149
　　　　（2011年3月1日）

第一章

《反电信网络诈骗法》对电信网络诈骗犯罪案件办案的影响

电信网络诈骗伴随着科技和互联网而蓬勃兴起。据统计，借助电信网络技术实施诈骗犯罪的案件已接近所有刑事案件的一半，并且还在以加速度的趋势演进，给人民的财产安全和社会秩序造成巨大的危害。大量不法分子通过网络改号电话、利用"伪基站"发送诈骗信息等电信网络新型技术结伙作案，精心设计各种骗局，跨区域乃至跨境实施诈骗活动，诱使被害人上当受骗，得逞后迅速汇转资金，行为恶劣。①

随着通信、互联网技术的发展，电信网络新型违法犯罪已成为犯罪新常态。并且，随着反网络诈骗工作的不断推进、国家反诈中心 App 的全面普及、公民的法律意识和防范意识有所增强，电信网络诈骗的套路也随之不断翻新，与时事结合，呈现出新的特点。骗术花样不断增多。骗术花样多、手段更新快是电信网络诈骗犯罪的典型特征之一。短短几年，犯罪分子从最初的打电话、发短信，发展到网络改号、使用 QQ、微信号作案，从雇佣马仔提取赃款发展到网上转账、跨境消费、境外提现。同时，诈骗分子紧跟社会热点，不断变换升级骗术，针对不同群体量体裁衣、精心设计、步步设套，让人防不胜防。目前，主要的电信网络诈骗类型有冒充公检法诈骗、冒充熟人诈骗、网络购物诈骗、网络刷单诈骗、网络投资诈骗等五六十种之多，并且还在不断变化中。②中国信息通信研究院发布的《新形势下电信网络诈骗治理研究报告（2020年）》显示，电信网络诈骗呈现出新特点，电信网络诈骗手法不断翻新、模式持续升级。

首先，作案方式呈现从电话诈骗向互联网诈骗转变的趋势，互联网应用成

---

① 参见戴长林主编：《网络犯罪司法实务研究及相关司法解释理解与适用》，人民法院出版社2014年版，第112页。

② 参见王晓伟："电信网络诈骗犯罪的防范与打击"，载《人民论坛》2019年第10期，第98页。

为主要的诈骗渠道。① 诈骗模式与引流推广方式也不断升级，诈骗链条越来越专业化，诈骗过程呈现出接触周期长、诈骗环节多、多手法叠加、跨平台实施等特点。比如，"杀猪盘"诈骗同时涉及婚恋交友、即时通信等多个业务平台，诈骗全程长达1至3个月。② 其次，作案模式由随机诈骗向精准诈骗转变，精准诈骗逐步成为主流模式。与广撒网、随机式诈骗方式不同，"精准诈骗"更具针对性和指向性，欺骗性、迷惑性进一步增强。一些犯罪分子还从单一"对话式"诈骗向"情景剧式"诈骗转变。并且，个人信息泄露成为电信网络精准诈骗成功的重要因素，非法获取个人信息也往往是实施电信诈骗的前置手段。③ 再次，诈骗地域由境内向境外移转，跨境电信网络诈骗愈发活跃。在我国持续高压打击和有效治理下，境内电信网络诈骗活动空间明显压缩，诈骗分子开始"走出国门"，逐步向东南亚、非洲等地区转移。同时，为了躲避监管处置，一些诈骗分子大量利用境外电信网络资源在境内实施诈骗。并且由于诈骗实施地和诈骗资源地均在境外，诈骗行为的监测处置，追踪和侦查打击的难度均加大。④

从2016年8月4日原中国银行业监督管理委员会和公安部联合发布的《电信网络新型违法犯罪案件冻结资金返还若干规定》（以下简称《规定》）首次使用"电信网络新型违法犯罪"，2016年9月23日最高人民法院、最高人民检察院等六部委发布的《关于防范和打击电信网络诈骗犯罪的通告》（以下简称《通告》）中首次使用"电信网络诈骗"之后，国家层面出台了较多有关电信诈骗及电信诈骗犯罪的司法解释对电信网络诈骗案件的规制做出指导。2022年9月2日，《中华人民共和国反电信网络诈骗法》（以下简称《反电信网络诈骗法》）正式公布，标志着我国反电信网络诈骗治理进入了有法可依的新阶段。

---

① 参见《新形势下电信网络诈骗治理研究报告（2020年）》第25页，载CAIAT中国信通院，http：//www.caict.ac.cn/kxyj/qwfb/ztbg/202012/t20201218_366375.htm，最后访问时间：2022年11月10日。

② 参见《新形势下电信网络诈骗治理研究报告（2020年）》第35~39页，载CAIAT中国信通院，http：//www.caict.ac.cn/kxyj/qwfb/ztbg/202012/t20201218_366375.htm，最后访问时间：2022年11月10日。

③ 参见《新形势下电信网络诈骗治理研究报告（2020年）》第37页，载CAIAT中国信通院，http：//www.caict.ac.cn/kxyj/qwfb/ztbg/202012/t20201218_366375.htm，最后访问时间：2022年11月10日。

④ 参见《新形势下电信网络诈骗治理研究报告（2020年）》第39页，载CAIAT中国信通院，http：//www.caict.ac.cn/kxyj/qwfb/ztbg/202012/t20201218_366375.htm，最后访问时间：2022年11月10日。

第一章 《反电信网络诈骗法》对电信网络诈骗犯罪案件办案的影响

电信网络诈骗是一种新型犯罪，依托于电信网络技术的发展，和当下的时代背景即时互动，受害人非常容易陷入被骗的境地。相较于传统的诈骗罪，电信网络诈骗具有手段的多样性、行为的隐蔽性、成本的廉价性、传播的广域性、犯罪的连续性、后果的难以预测和不可控性等特点。这些特点也决定了电信网络诈骗的社会危害性远远大于普通诈骗。[1] 尽管司法机关一直对电信网络诈骗活动从严打击，消灭了不少电信网络诈骗团伙，但由于电信网络诈骗善于运用金融、技术手段，隐蔽性极强，加上很多诈骗窝点隐藏在国外，实行遥控犯罪，导致司法打击运作困难重重。并且，司法打击往往具有滞后性，案发时群众财产已经受损，即使破案了，违法所得也已被挥霍，难以追回，被害者的损失得不到补偿。在事后打击不能有效治理电信网络诈骗活动，保护公民财产安全的情况下，如何把防线设立在电信网络诈骗行为实施之前或者实施过程中就成了重中之重。更进一步讲，电信网络诈骗犯罪不是单纯的财产犯罪，它侵蚀的是公民合法权益、社会秩序和公共安全，是对政府治理能力和治理体系的直接冲击，并会带来牵连性的危害后果。[2]

《反电信网络诈骗法》则直击了上述痛点，加强对电信网络诈骗的预防，将电信网络诈骗的打击提前，并构建打击闭环和打击网络。《反电信网络诈骗法》一共七章五十条，从电信治理、金融治理、互联网治理、综合措施以及法律责任方面对预防、遏制和惩治电信网络诈骗活动作出规定。从立法定位上看，《反电信网络诈骗法》是一部面向电诈犯罪治理的急用先行的预防性法律制度，这一预防性法律制度实现的关键在于通过市场主体在通信治理、金融治理和互联网治理三个层面上开展前端防范。[3]《反电信网络诈骗法》的突出特色及其对电信网络诈骗犯罪案件办案的影响主要体现在以下几点：

一是构建前端防范，加强源头预防。党和政府提倡源头治理，如果潜在的被害人对犯罪人实施的诈骗行为有清楚的认识，并能积极采取有效的防范措施，就会有足够的时间和资源来预防被害、减少不必要的损失。在这方面，刑事司法机关有责任也有能力通过建立和完善相关机制进行诈骗犯罪管控，被害人更

---

[1] 参见远桂宝："电信网络诈骗犯罪的三个特征"，载《检察日报》2019年10月20日第03版。
[2] 参见李怀胜："电信网络诈骗犯罪的治理难点与回应"，载《中国信息安全》2019年第9期，第69页。
[3] 参见单勇："数字社会走向前端防范的犯罪治理转型——以《中华人民共和国反电信网络诈骗法（草案）》为中心"，载《上海师范大学学报（哲学社会科学版）》2022年第3期，第63页。

是有必要切实提高自身的防范水平。① 《反电信网络诈骗法》规定从人民政府、行政、民政等有关部门到村委会、居委会，再到各个单位均需承担起反电信诈骗的宣传工作，从根本上增强人民群众的法律意识和防诈骗意识。

各级人民政府和有关部门应当加强反电信网络诈骗宣传，普及相关法律和知识，提高公众对各类电信网络诈骗方式的防骗意识和识骗能力；教育行政、市场监管、民政等有关部门和村民委员会、居民委员会应当结合电信网络诈骗受害群体的分布等特征，加强对老年人、青少年等群体的宣传教育，进行针对性的宣传教育，并开展反电信网络诈骗宣传教育进学校、进企业、进社区、进农村、进家庭等活动。各单位加强内部防范，对工作人员开展防范电信网络诈骗教育。个人也应当加强电信网络诈骗防范意识，并且单位、个人应当协助、配合有关部门依照《反电信网络诈骗法》的规定开展反电信网络诈骗工作。

前端防范则体现在对电信、金融和互联网行业的行政治理。《反电信网络诈骗法》则建立起了建立跨行业、跨企业的统一检测系统，反电信网络诈骗不仅仅是司法机关的单打独斗。电信网络诈骗的开展依托于电信、金融和互联网等业务，犯罪分子往往利用这些业务、服务或技术开展诈骗活动并进行赃款的后续转移等。因此，加强对电信、金融和互联网行业的治理是防范电信网络诈骗的重点和关键。《反电信网络诈骗法》在第二章、第三章和第四章分别对电信治理、金融治理、互联网治理作出了规定，并在"总则"第6条第5款明确规定了上述行业的风险防控责任，即电信业务经营者、银行业金融机构、非银行支付机构、互联网服务提供者承担风险防控责任，建立反电信网络诈骗内部控制机制和安全责任制度，加强新业务涉诈风险安全评估。

二是多部门联动，构建全链条治理。应对电信网络诈骗这种复杂、动态、多元的社会安全问题，核心就是集结各方力量。② 从犯罪预防的角度来说，电信网络诈骗犯罪数量呈井喷式增长的原因与互联网业务的飞速发展存在直接关联。伴随着"互联网+"行动深度渗透到日常生活，衣食住行都与互联网联系密切。互联网科技的迅速发展在给民众生活带来了极大便利的同时，也为犯罪分子提供了技术上的支持，产生了一系列犯罪防范方面的漏洞，给电信网络诈

---

① 参见王洁："司法管控电信网络诈骗犯罪的实效考察"，载《中国刑事法杂志》2020年第1期，第173页。

② 参见孙少石："电信网络诈骗协同治理的制度逻辑"，载《治理研究》2020年第1期，第109页。

第一章 《反电信网络诈骗法》对电信网络诈骗犯罪案件办案的影响

骗犯罪的惩治和预防工作制造了诸多障碍。① 因此，电信网络诈骗的治理不能是一家的单打独斗，要实现对案件的整体管控，构建多部门联动机制。

《反电信网络诈骗法》明确规定了国务院建立反电信网络诈骗工作机制，统筹协调；地方政府组织领导本行政区域反电信网络诈骗工作，开展综合治理；公安机关牵头负责反电信网络诈骗工作，加强依法打击；法院、检察院依法防范、惩治电信网络诈骗活动；金融、电信、互联网等主管部门负责本行业领域反诈工作。人民检察院依法提起公益诉讼；政府部门间打击治理电信网络诈骗的协同配合和联动机制；金融、电信、互联网部门对有关企业的监督检查、管理防范职责；部门工作人员在反电信网络诈骗工作中滥用职权、玩忽职守的法律责任。《反电信网络诈骗法》注重从人员链、信息链、技术链、资金链等进行全链条治理，从前端的宣传预防、中端的监测止付以及后端的教育惩治进行全流程治理，强化部门监管主体责任，压实企业责任，对电诈分子规定了有效预防惩处措施，严厉打击各类涉诈黑灰产行为，构筑了反电信网络诈骗立法的"法网恢恢"。②

三是责任落实，民事、行政和刑事责任协同配合，形成责任闭环。《反电信网络诈骗法》规定要落实相关行业或者单位的反诈工作不力的民事责任、行政责任，形成反电信网络诈骗工作责任闭环，切实解决在反电信网络诈骗工作中，法律有而无效、有而无力的被动局面。③ 以金融行业为例，在对电信网络诈骗进行司法打击的过程中，有时会出现受害人被骗后及时进行报案，公安机关也实时展开追查，但因为网络支付的便捷性、银行或第三方支付平台在管控方面存在不足，未能及时制止转账到账，经济损失无法挽回的情形。④ 并且公检法机关在侦查办案过程中大多需要金融、通信等行业提供挂失支付、信息查询等合作业务，涉及的部门很多、级别较高，协调统一很有难度。⑤ 因此，反电诈工作的落实与否与相关行业或者单位密切相关。

---

① 参见曾磊、王龙："电信网络诈骗犯罪的司法困境及路径选择"，载《北京政法职业学院学报》2022年第2期，第55页。
② 参见"小切口 打雪害 明权责——全国人大常委会法工委权威解读反电信网络诈骗法亮点"，载《人民公安报》2022年9月7日第04版。
③ 参见金泽刚："反电信网络诈骗法将带来什么变化"，载《光明日报》2021年11月3日第10版。
④ 参见张弘："电信网络诈骗犯罪的法律预防研究——以刑法规制为视角"，载《东南大学学报（哲学社会科学版）》2022年S1增刊，第84页。
⑤ 参见王洁："电信网络诈骗犯罪的独特属性与治理路径"，载《中国人民公安大学学报（社会科学版）》2019年第4期，第6页。

《反电信网络诈骗法》第六章规定了法律责任，对犯罪分子的责任，相关行业或者单位未尽到反电诈工作职责以及人民检察院的公益诉讼等均作出了规定，形成了部门法协同演进的治理格局。（1）犯罪分子的责任承担方面。组织、策划、实施、参与电信网络诈骗活动或者为电信网络诈骗活动提供帮助，构成犯罪的，依法追究刑事责任，尚不构成犯罪的，承担行政责任。同时，上述人员除依法承担刑事责任、行政责任以外，造成他人损害的，依照《中华人民共和国民法典》等法律的规定承担民事责任。（2）相关行业或者单位的责任承担方面。如果金融、电信、互联网相关行业或者单位反电诈工作不力，需由有关主管部门责令改正，情节较轻的，给予警告、通报批评，或者处以罚款；情节严重的，除处高额罚款外，还可以由有关主管部门责令暂停相关业务、停业整顿或吊销营业执照等，对直接负责的主管人员和其他直接责任人员，也可处以罚款。同时，除行政责任外，电信业务经营者、银行业金融机构、非银行支付机构、互联网服务提供者等违反《反电信网络诈骗法》规定，造成他人损害的，依照《中华人民共和国民法典》等法律的规定承担民事责任。（3）反电信网络诈骗工作有关部门、单位的工作人员滥用职权、玩忽职守、徇私舞弊，或者有其他违反《反电信网络诈骗法》规定行为，构成犯罪的，依法追究刑事责任。

第二章

电信网络诈骗相关问题解读

第一节 电信网络诈骗犯罪的界定

一、罪与非罪

（一）电信网络诈骗犯罪的概念

"电信网络诈骗"一称由来已久并在司法实践中被广泛使用，成为约定俗成的称谓。但纵观各类规范性文件、法律文书，以及新闻媒体的相关报道，理论界和实务界对此类新型犯罪的称谓可谓五花八门，"电信诈骗""电信网络诈骗""网络电信诈骗""短信诈骗""虚假信息诈骗""网络电信新型违法犯罪"等均被用来指称此类犯罪。[①]

从2016年起，有关司法解释里开始使用"电信网络犯罪"或"电信网络诈骗"的表述，并从中逐步演变出"电信网络诈骗"的概念。2016年8月4日，原中国银行业监督管理委员会和公安部联合发布的《规定》中使用了"电信网络新型违法犯罪"的表述；2016年9月23日，六部委则在《通告》中使用了"电信网络诈骗"的说法；2016年12月19日，最高人民法院、最高人民检察院、公安部发布的《关于办理电信网络诈骗等刑事案件适用法律若干问题的意见》（以下简称《意见》）中使用了"利用通讯工具、互联网等技术手段实施的电信网络诈骗犯罪活动"的表述；2018年11月9日，最高人民检察院发布的《检察机关办理电信网络诈骗案件指引》（以下简称《指引》），对电信网络诈骗犯罪的概念作出界定。2021年6月17日，最高人民法院、最高人民检察院、公安部发布的《关于办理电信网络诈骗等刑事案件适用法律若干问题的意见（二）》（以下简称《意见（二）》）继续使用了"电信网络诈骗"的表

[①] 参见吴加明："'电信网络诈骗'的概念界定与立法运用"，载《学海》2021年第3期，第183页。

述。2022年9月2日,《反电信网络诈骗法》正式公布,再次使用了"电信网络诈骗"的表述,至此"电信网络诈骗"的称谓固定。

明确对电信网络诈骗的概念作出界定的是2018年的《指引》和2022年的《反电信网络诈骗法》。《指引》指出,电信网络诈骗犯罪,是指以非法占有为目的,利用电话、短信、互联网等电信网络技术手段,虚构事实,设置骗局,实施远程、非接触式诈骗,骗取公私财物的犯罪行为。《反电信网络诈骗法》指出,电信网络诈骗,是指以非法占有为目的,利用电信网络技术手段,通过远程、非接触等方式,诈骗公私财物的行为。《反电信网络诈骗法》中对于电信网络诈骗犯罪的概念更为简洁,但二者对于电信网络诈骗犯罪的定义规定均能够充分地阐述"电信网络诈骗"的本质,对司法实践有重要的指导意义。

(二)电信网络诈骗犯罪的特点

对比诈骗罪与电信网络诈骗犯罪的定义,可知电信网络诈骗与传统诈骗是特殊与一般的关系。电信网络诈骗除了具有传统型诈骗的以非法占有为目的,使用欺骗方法骗取数额较大的公私财物的本质特征之外,[1] 还具有独立的特性,它是一种远程、非接触性违法犯罪,往往依托一定的技术手段,时空跨度大,波及人数多,且手段较为隐蔽,花样翻新快,较之传统诈骗犯罪迷惑性更强,普通群众防不胜防,容易上当受骗,造成巨大财产甚至人身损失,影响极为恶劣。[2] 其特点可以总结为以下几点:

1. 犯罪手段的特殊性。与传统诈骗相比,电信网络诈骗的犯罪手段表现为利用电信网络。电信网络诈骗犯罪是网络发展的直接产物,是网络时代出现的新形式诈骗,其实质是传统诈骗犯罪在电信网络空间的一种异化表现。固定通话网、移动通信网、计算机互联网、广播电视网等信息网络的开放性、无国界性以及网络主体的无身份差别性都扩大了网络行为的自由度,拓展了人们表达自由的空间,但也为犯罪分子实施电信网络诈骗犯罪提供了便捷的工具和场所,滋生和助长了犯罪的产生。利用电信网络作为犯罪工具是电信网络诈骗区别于普通诈骗的根本性、实质性特征,这是因为虽然现在的网络诈骗形式多样、不断翻新,但是万变不离其宗,电信网络诈骗利用电信网络平台作为犯罪工具,

---

[1] 参见戴长林主编:《网络犯罪司法实务研究及相关司法解释理解与适用》,人民法院出版社2014年版,第45页。

[2] 参见李睿懿、王珂:"惩治电信网络诈骗犯罪的主要法律适用疑难问题",载《法律适用》2017年第9期,第44页。

是传统诈骗犯罪被植入"电信网络"这一时代"芯片"的结果。面对庞大的网络用户群体，行为人能够利用电脑、手机、电话等终端设备通过网络将诈骗对象数量进行几何倍数的放大，进行点对面或点对点的诈骗。电信网络诈骗犯罪手段的特殊性也是后述两个特点的原因。

2. 犯罪过程的非接触性。电信网络的行骗者必须是利用电话、网络等非接触式的作案方式实施诈骗。网络空间是看不见的，所有的交往和行为是通过一种数字化的形式来完成的。电信网络诈骗的作案现场更是虚拟的，被害人无法看到行为人的真实情况，但行为人能清楚描述被害人的各项身份信息。电信网络诈骗案件作案手法隐蔽，由此形成该类犯罪独有的"非接触式"特征，成为网络诈骗区别于传统诈骗的另一重要特征。这也是电信网络诈骗案件的侦查难、取证难、追赃难、认定难的重要原因。在传统诈骗罪中，行为人与被害人大多是近距离直接接触，是一种面对面的诈骗。而电信网络诈骗行为人依托于电信网络技术所带来的隐蔽性，躲藏在电信网络背后，与被害人在虚拟空间里交流接触，不受时间和空间的限制，系横跨现实及虚拟空间实施的"背对背"的"非接触式"诈骗。

这里的犯罪过程的"非接触性"指的是整个犯罪过程的非接触，如果部分过程有所接触，就不能认定为电信网络诈骗，而只能认为是普通诈骗。正如《指引》指出，如果通过电信网络技术向不特定多数人发送诈骗信息后又转入接触式诈骗，或者为实现诈骗目的，线上线下并行同时进行接触式和非接触式诈骗，应当按照诈骗取财行为的本质定性，虽然使用电信网络技术但被害人基于接触被骗的，应当认定普通诈骗。司法实践中就有上述的"线上线下并行"式诈骗的典型案例，即近几年持续侦破的"酒托诈骗案"：一些职业"酒托"先在网络上冒充美女主播或网友与被害人搭讪聊天，然后以约会为名将被害人引诱到酒吧，再以劣质酒水冒充高档酒水对被害人实施诈骗，这种就是典型的线上线下并行式的诈骗手法，被害人基本都是基于接触被骗，因此不能认定为电信网络诈骗，而应认定为普通诈骗。

综上，电信网络诈骗与现代信息技术联系紧密，司法实践中常见的利用"伪基站"群发信息、利用钓鱼网站获取重要信息、冒充银行及司法机关工作人员骗取资金、虚构交易平台诱导投资实施诈骗等被认定为"电信网络诈骗"的手段，其本质上要么借助现代通讯技术，要么依靠互联网技术，向受害者发送、传递各种虚假信息，使对方在轻信虚假信息后通过各种方式"自愿"将财物交付，实现骗取财物的目的。在整个过程中，行骗者与受害者素未谋面，即非接触，受害者被骗通常是基于轻信行骗者传递的虚假信息而"自愿"交付财物。

3. 犯罪对象的不特定性。电信网络诈骗是一种点对面的诈骗，受害群体具有广泛性和不特定性，犯罪对象的不特定性是电信网络诈骗区别于普通诈骗的重要特征。因为电信网络诈骗侵害的法益不局限于公私财物所有权，还有网络社会的稳定状态。这也是电信网络诈骗与传统诈骗的重要区别。如果诈骗不是针对不特定人实施，行为就不会实质影响网络社会的稳定状态，也就不能认定为电信网络诈骗。所谓犯罪对象的不特定性，是指行为人在诈骗对象的选择上是随意、随机进行的，并非特别选定诈骗对象。正因如此，电信网络诈骗造成的危害结果可能会超过行为人的预期。

犯罪对象的不特定性呈现两种形式：[①] 一是点对面的普遍撒网形式，即以诈骗窝点为诈骗源，通过短信、电话、互联网等媒介广泛散播寻找诈骗被害人，并同时或先后对很多人实施诈骗。二是点对点的重点进攻形式，即行为人随意选择一个或多个进行诈骗。从司法实践反映的情况来看，在"电信网络诈骗"中，行骗者为实现更高的成功率，其通常都采取广撒网的方式作为行骗开端。相对于传统诈骗的"点对点"模式，这种广撒网的诈骗方式带有"以点对面"的特征，受害群体具有广泛性和不特定性。这也是法律上将"电信网络诈骗"和普通诈骗进行区别对待，在定罪量刑上对"电信网络诈骗"适用更低门槛的主要原因。

因此，判断诈骗行为是否属于"电信网络诈骗"，先要看行骗者是否采取了"以点对面"的诈骗模式，如果其自始至终所采取的是"点对点"的模式，即使借助了通讯技术或网络技术，也不属于"电信网络诈骗"。举例来说，张三明知邻居李四是拥有一定积蓄的独居老人，假扮司法工作人员，以李四儿子已被捕，需要缴纳"保证金"为由骗取李四资金。虽然张三通过电话与李四联系，具备"电信网络诈骗"非接触的特征，但由于其自始至终只是针对李四这一特定人实施诈骗，因此不属于"电信网络诈骗"。

(三) 罪与非罪

1. 电信网络诈骗与普通诈骗的区分

由上述特点分析可知，上述电信网络诈骗的独特特征也是区分电信网络诈骗与普通诈骗的关键。具体包括：

[①] 参见远桂宝："电信网络诈骗犯罪的三个特征"，载《检察日报》2019年10月20日第03版。

（1）行为手段的特殊性。普通诈骗既可以使用传统手段，也可以利用电信网络。但电信网络诈骗一定会利用电信网络。

（2）因行为手段不同导致的非接触性。电信网络诈骗强调诈骗过程的非接触性，通过电信网络技术向不特定多数人发送诈骗信息后又转入接触式诈骗，或者为实现诈骗目的，线上线下并行同时进行接触式和非接触式诈骗，应当按照诈骗取财行为的本质定性，虽然使用电信网络技术但被害人基于接触被骗的，应认定为普通诈骗。

（3）因行为手段不同导致的被害对象的不特定性。电信网络诈骗强调诈骗模式的"以点对面"，如果是"点对点"的模式，即使使用了电信网络，也应认定为普通诈骗。

2. 追诉标准

追诉标准直接决定了法律适用问题甚至罪与非罪的认定。由于电信网络诈骗具有上述特点，受害群体具有广泛性和不特定性，社会危害性更大。因此法律上将电信网络诈骗和普通诈骗区别对待，并在定罪量刑上对电信网络诈骗适用更低门槛。

《意见》规定，利用电信网络技术手段实施诈骗，诈骗公私财物价值3000元以上的，认定为《刑法》第266条规定的"数额较大"。而《关于办理诈骗刑事案件具体应用法律若干问题的解释》规定，诈骗公私财物价值3000元至1万元以上的，认定为《刑法》第266条规定的"数额较大"。因此，电信网络诈骗的追诉标准要低于普通诈骗的追诉标准，且全国统一无地域差别，即犯罪数额达到3000元以上、3万元以上、50万元以上的，应当分别认定为《刑法》第266规定的"数额较大""数额巨大""数额特别巨大"。同时，二年内多次实施电信网络诈骗未经处理，诈骗数额累计计算构成犯罪的，应当依法定罪处罚。

二、此罪与彼罪

（一）此罪与彼罪

根据《指引》的规定，在一些电信网络诈骗案件中，尤其是利用网络钓鱼、木马链接实施犯罪的案件中，往往既存在虚构事实、隐瞒真相的诈骗行为，又可能存在秘密窃取的行为，此时，关键是要审查犯罪嫌疑人取得财物是否基于被害人对财物的主动处分意识。

1. 如果行为人通过秘密窃取的行为获取他人财物，则应认定构成盗窃罪。

2. 如果窃取或者骗取的是他人信用卡资料，并通过互联网、通讯终端等使用的，根据最高人民法院、最高人民检察院《关于办理妨害信用卡管理刑事案件具体应用法律若干问题的解释》，则可能构成信用卡诈骗罪。

3. 如果通过电信网络技术向不特定多数人发送诈骗信息后又转入接触式诈骗，或者为实现诈骗目的，线上线下并行同时进行接触式和非接触式诈骗，应当按照诈骗取财行为的本质定性，虽然使用电信网络技术但被害人基于接触被骗的，应当认定为普通诈骗。

4. 如果出现电信网络诈骗和合同诈骗、保险诈骗等特殊诈骗罪名的竞合，应依据刑法有关规定定罪量刑。

（二）关联犯罪

1. 在实施电信网络诈骗活动中，非法使用"伪基站""黑广播"，干扰无线电通讯秩序，符合《刑法》第288条规定的，以扰乱无线电通讯管理秩序罪追究刑事责任。同时构成诈骗罪的，依照处罚较重的规定定罪处罚。

2. 违反国家有关规定，向他人出售或者提供公民个人信息，窃取或者以其他方法非法获取公民个人信息，符合《刑法》第253条之一规定的，以侵犯公民个人信息罪追究刑事责任。使用非法获取的公民个人信息，实施电信网络诈骗犯罪行为，构成数罪的，应当依法予以并罚。

3. 冒充国家机关工作人员实施电信网络诈骗犯罪，同时构成诈骗罪和招摇撞骗罪的，依照处罚较重的规定定罪处罚。

4. 非法持有他人信用卡，没有证据证明从事电信网络诈骗犯罪活动，符合《刑法》第177条之一第1款第2项规定的，以妨害信用卡管理罪追究刑事责任。

5. 明知是电信网络诈骗犯罪所得及其产生的收益，以下列方式之一予以转账、套现、取现的，依照《刑法》第312条第1款的规定，以掩饰、隐瞒犯罪所得、犯罪所得收益罪追究刑事责任。但有证据证明确实不知道的除外：

（1）通过使用销售点终端机具（POS机）刷卡套现等非法途径，协助转换或者转移财物的。

（2）帮助他人将巨额现金散存于多个银行账户，或者在不同银行账户之间频繁划转的。

（3）多次使用或者使用多个非本人身份证明开设的信用卡、资金支付结算账户或者多次采用遮蔽摄像头、伪装等异常手段，帮助他人转账、套现、取现的。

（4）为他人提供非本人身份证明开设的信用卡、资金支付结算账户后，又帮助他人转账、套现、取现的。

（5）以明显异于市场的价格，通过手机充值、交易游戏点卡等方式套现的。

实施上述行为，事前通谋的，以共同犯罪论处；电信网络诈骗犯罪嫌疑人尚未到案或案件尚未依法裁判，但现有证据足以证明该犯罪行为确实存在的，不影响掩饰、隐瞒犯罪所得、犯罪所得收益罪的认定；同时构成其他犯罪的，依照处罚较重的规定定罪处罚。但法律和司法解释另有规定的除外。

6. 网络服务提供者不履行法律、行政法规规定的信息网络安全管理义务，经监管部门责令采取改正措施而拒不改正，致使诈骗信息大量传播，或者用户信息泄露造成严重后果的，以拒不履行信息网络安全管理义务罪追究刑事责任。同时构成诈骗罪的，依照处罚较重的规定定罪处罚。

7. 实施《刑法》第287条之一、第287条之二规定之行为，构成非法利用信息网络罪、帮助信息网络犯罪活动罪，同时构成诈骗罪的，依照处罚较重的规定定罪处罚。

8. 金融机构、网络服务提供者、电信业务经营者等在经营活动中，违反国家有关规定，被电信网络诈骗犯罪分子利用，使他人遭受财产损失的，依法承担相应责任。构成犯罪的，依法追究刑事责任。

第二节　电信网络诈骗的犯罪形态

一、既遂的认定标准

由于借助了现代通讯和网络技术，电信网络诈骗突破了地域、空间和目标群体的限制，相对于普通诈骗犯罪来说，其所造成的危害后果更加严重。基于此，我国对电信网络诈骗采取了区别于普通诈骗的立案追诉和量刑标准，且采取全国统一标准。

《刑法》第266条规定："诈骗公私财物，数额较大的，处三年以下有期徒刑、拘役或者管制，并处或者单处罚金；数额巨大或者有其他严重情节的，处三年以上十年以下有期徒刑，并处罚金；数额特别巨大或者有其他特别严重情节的,处十年以上有期徒刑或者无期徒刑,并处罚金或者没收财产。本法另有规定的,依照规定。"

(一)普通诈骗的立案追诉和量刑标准

根据《关于办理诈骗刑事案件具体应用法律若干问题的解释》,"数额较大""数额巨大"和"数额特别巨大"的标准分别对应3000元至1万元以上、3万元至10万元以上、50万元以上。另外,各省、自治区、直辖市高级人民法院、人民检察院可以结合本地区经济社会发展状况,在前述数额幅度内,共同研究确定本地区执行的具体数额标准,报最高人民法院、最高人民检察院备案。拿广东来举例,一类地区比如广州、深圳诈骗数额6000元以上属于"数额较大","10万元以上"属于"数额巨大";二类地区比如揭阳、汕头"数额较大"和"数额巨大"对应的标准分别为4000元以上、6万元以上。普通诈骗之所以由各地在此幅度内各自确定具体数额标准,是因为考虑到全国各地的经济发展水平存在差异,这些差异对诈骗这一财产犯罪的量刑必然产生一定程度的影响。

(二)电信网络诈骗的立案追诉和量刑标准

电信网络诈骗与普通诈骗不同,其具有跨区域的特点。实践中,一个电信网络诈骗窝点往往长期进行电信诈骗,犯罪对象具有不特定性,犯罪行为实施地和犯罪结果发生地较多,且分布于全国各地。而全国各地的经济发展水平存在差异,因此各地所确定的数额存在较大差距,如诈骗"数额巨大"的标准,有的省份设置在10万元,有的省份则设置在5万元,那么就会出现一个案件被指定在不同的省份审理,出现同案不同判的现象,会影响司法公正和法律全文,埋下诉讼隐患,而且难以把从严惩处的要求落到实处。[1]

基于此,《意见》在《关于办理诈骗刑事案件具体应用法律若干问题的解释》和《刑法》的基础上进一步扩展规定,统一入罪门槛并就低设定。[2]《意见》规定不再由各地自行确定诈骗数额标准,而是实行全国统一的数额标准和数额幅度底线标准。根据《意见》及《指引》的规定,电信网络诈骗的追诉标准要低于普通诈骗的追诉标准,且全国统一无地域差别,即犯罪数额达到

---

[1] 参见李睿懿、王珂:"惩治电信网络诈骗犯罪的主要法律适用疑难问题",载《法律适用》2017年第9期,第45页。
[2] 参见李艳:"宽严相济刑事政策在惩治电信网络诈骗犯罪中的科学运用——基于'两高一部'《关于办理电信网络诈骗等刑事案件适用法律若干问题的意见》的分析",载《法律适用》2017年第9期,第52页。

"3000元以上""3万元以上""50万元以上"的,应当分别认定为《刑法》第266条规定的"数额较大""数额巨大""数额特别巨大"。这样规定,一方面是对电信网络诈骗犯罪从严惩处的贯彻,设立最低入罪门槛;另一方面是考虑电信网络诈骗突破了传统犯罪的空间地域范畴,跨地区乃至跨国境的特征非常突出,地域化差异相对较小,应该尽量统一法律适用。

在电信网络诈骗犯罪案件中,检察机关一般会根据诈骗数额先确定一个量刑档次,再结合其他犯罪情节向法院提出量刑建议,如果庭审没有出现很强烈的对抗,法院一般会采纳检察院的量刑建议,在检察院提出的量刑幅度内对相关被告定罪量刑。因此,在此类案件中,诈骗数额的认定是影响裁判结果的重要因素,作为辩护律师,在定罪证据确实充分的情况下,理应通过细心审查证据来尽量争取降低量刑档次,为当事人争取最大化的合法权益。

(三) 电信网络诈骗的既遂认定标准

根据《指引》的规定,电信网络诈骗应以被害人失去对被骗钱款的实际控制为既遂认定标准。一般情形下,诈骗款项转出后即时到账构成既遂。

电信网络诈骗既有既遂,又有未遂,分别达到不同量刑幅度的,依照处罚较重的规定处罚;达到同一量刑幅度的,以诈骗罪既遂处罚。

二、可以查证诈骗数额的未遂

由上可知,电信网络诈骗应以被害人失去对被骗钱款的实际控制为既遂认定标准。一般情形下,诈骗款项转出后即时到账构成既遂。但随着银行自助设备、第三方支付平台陆续推出"延时到账""撤销转账"等功能,被害人通过自助设备、第三方支付平台向犯罪嫌疑人指定账户转账,可在规定时间内撤销转账,资金并未实时转出。

此种情形下被害人并未对被骗款项完全失去控制,而犯罪嫌疑人亦未取得实际控制,应当认定为未遂。

三、无法查证诈骗数额的未遂

电信网络诈骗往往依托现代化智能通讯工具及互联网,犯罪对象具有不特定性和广泛性,即"点对面"式的传播,受害者往往难以全部发现。在这种"非接触"式的诈骗中,犯罪分子也往往难以明确所有犯罪对象的身份。因此,诈骗数额有时确实无法或者难以全部查清。如果像普通诈骗要求证据与待证事实之间达到一一对应，必然导致认定的诈骗数额小于实际查获的金额，甚至可能是远远小于，可能导致打击不力，也不符合对电信网络诈骗从严打击的要求。

考虑到办案的实际情况和现实需要，《意见》采取了数额标准和数量标准并行的方式，既可根据犯罪分子的诈骗数额，也可根据其实际拨打诈骗电话、发送诈骗信息的数量来定罪量刑，确保准确、全面、客观地反映犯罪分子的罪行，实现罪责刑相适应。因此，《意见》规定，实施电信网络诈骗犯罪，诈骗数额难以查证，但具有下列情形之一的，应当认定为《刑法》第266条规定的"其他严重情节"，以诈骗罪（未遂）定罪处罚：（1）发送诈骗信息5000条以上的，或者拨打诈骗电话500人次以上的；（2）在互联网上发布诈骗信息，页面浏览量累计5000次以上的。具有前述情形，数量达到相应标准10倍以上的，应当认定为《刑法》第266条规定的"其他特别严重情节"，以诈骗罪（未遂）定罪处罚。前述"拨打诈骗电话"，包括拨出诈骗电话和接听被害人回拨电话。反复拨打、接听同一电话号码，以及反复向同一被害人发送诈骗信息的，拨打、接听电话次数、发送信息条数累计计算。因犯罪嫌疑人、被告人故意隐匿、毁灭证据等原因，致拨打电话次数、发送信息条数的证据难以收集的，可以根据经查证属实的日拨打人次数、日发送信息条数，结合犯罪嫌疑人、被告人实施犯罪的时间、犯罪嫌疑人、被告人的供述等相关证据，综合予以认定。同时，《意见（二）》规定，有证据证实行为人参加境外诈骗犯罪集团或犯罪团伙，在境外针对境内居民实施电信网络诈骗犯罪行为，诈骗数额难以查证，但1年内出境赴境外诈骗犯罪窝点累计时间30日以上或多次出境赴境外诈骗犯罪窝点的，应当认定为《刑法》第266条规定的"其他严重情节"，以诈骗罪依法追究刑事责任。有证据证明其出境从事正当活动的除外。

此外，对数额标准和数量标准并行下可能出现的既遂、未遂交叉现象，《意见》也作出了规定。《意见》规定，电信网络诈骗既有既遂，又有未遂，分别达到不同量刑幅度的，依照处罚较重的规定处罚；达到同一量刑幅度的，以诈骗罪既遂处罚。例如，同一被告人，在数额标准下，查明其实际骗得了5000元，构成既遂，应在3年以下有期徒刑的幅度内量刑。同时在数量标准下，还查明其累计拨打了诈骗电话5000多次，构成未遂，但属于"其他严重情节"，应在3年以上10年以下有期徒刑的幅度内量刑。对于此种既遂、未遂交叉且分别达到不同量刑幅度的情形，应按照处罚较重的规定处罚，即对于此被告人，应以拨打电话次数为依据来认定为诈骗未遂，在3年以上10年以下幅度内量刑处罚。

第三节　诈骗数额及发送信息、
拨打电话次数的认定

一、诈骗数额的认定

与传统诈骗案件的证据印证规则[①]相比，电信网络诈骗案件审理过程中，有关诈骗数额的认定历来成为困扰人民法院审判工作的一大工作难题。电信网络诈骗案件往往有众多受害人，且多为跨地域分布，有的案件虽然每一名被害人受骗数额不大，但是总体人数多，甚至涉及多个省份的数千人。同时由于电信网络诈骗"点对面"的特征，往往找不到所有的被害人或有部分被害人未报案或不同地区的被害人分别向当地公安机关报案而未能并案，导致办案的公安机关难以向被害人一一取证。这就导致在犯罪数额的认定方面存在较大困难。[②]传统的印证规则，无法建立不同犯罪团伙与被害人之间的一一对应关系。[③]

《意见》在充分总结实践经验并参照《关于办理非法集资刑事案件适用法律若干问题的意见》[④]《关于办理信息网络犯罪案件适用刑事诉讼程序若干问题的意见》[⑤] 等，为破解实践困局，缓解公安机关收集证据的困难，同时也为

[①] 在传统诈骗案件中，其证据往往不仅有所有同案犯供述、证人证言、被害人陈述等完整的言词证据，还可以通过伪造或虚构事实的材料、监控录像、行车及出行记录等系列客观证据予以证实。而电信网络诈骗具有手段和对象上的特殊性，往往会缺乏部分上述证据，如被害人无法全部统计，导致数额难以准确认定。

[②] 参见李睿懿、王珂："惩治电信网络诈骗犯罪的主要法律适用疑难问题"，载《法律适用》2017年第9期，第49页。

[③] 参见王洁："司法管控电信网络诈骗犯罪的实效考察"，载《中国刑事法杂志》2020年第1期，第167页。本文也指出，普通刑事犯罪案件认定事实的关键，一般在于建立犯罪嫌疑人、被害人、犯罪现场之间的联系。但在电信网络诈骗犯罪案件中，被害人众多，作案手段也基本相似，犯罪嫌疑人和被害人双方未见面，被害人无法陈述犯罪嫌疑人的基本情况，犯罪嫌疑人也无法供述被害人的情况。

[④] 最高人民法院、最高人民检察院、公安部《关于办理非法集资刑事案件适用法律若干问题的意见》第六部分规定，办理非法集资刑事案件中，确因客观条件的限制无法逐一收集集资参与人的言词证据的，可结合已收集的集资参与人的言词证据和依法收集并查证属实的书面合同、银行账户交易记录、会计凭证及会计账簿、资金收付凭证、审计报告、互联网电子数据等证据，综合认定非法集资对象人数和吸收资金数额等犯罪事实。

[⑤] 最高人民法院、最高人民检察院、公安部《关于办理信息网络犯罪案件适用刑事诉讼程序若干问题的意见》也作了"结合认定"的规定，其第21条规定，对于涉案人数特别众多的信息网络犯罪案件，确因客观条件限制无法收集证据逐一证明、逐人核实涉案账户的资金来源，但根据银行账户、非银行支付账户等交易记录和其他证据材料，足以认定有关账户主要用于接收、流转涉案资金的，可以按照该账户接收的资金数额认定犯罪数额，但犯罪嫌疑人、被告人能够作出合理说明的除外。案外人提出异议的，应当依法审查。

了贯彻最大限度惩治电信网络诈骗犯罪的原则，作出了一些"结合认定"规定：

1. 根据犯罪集团诈骗账目登记表、犯罪嫌疑人提成表等书证，结合证人证言、犯罪嫌疑人供述和辩解等言词证据，认定犯罪嫌疑人的诈骗数额。

2. 根据经查证属实的银行账户交易记录、第三方支付结算账户交易记录、通话记录、电子数据等证据，结合已收集的被害人陈述，认定被害人人数及诈骗资金数额。

3. 对于确因客观原因无法查实全部被害人，尽管有证据证明该账户系用于电信网络诈骗犯罪，且犯罪嫌疑人无法说明款项合法来源的，也不能简单将账户内的款项全部推定为"犯罪数额"。要根据在案其他证据，认定犯罪集团是否有其他收入来源，"违法所得"有无其他可能性。如果证据足以证实"违法所得"的排他性，则可以将"违法所得"均认定为犯罪数额。

4. 犯罪嫌疑人为实施犯罪购买作案工具、伪装道具、租用场地、交通工具甚至雇佣他人等诈骗成本不能从诈骗数额中扣除。对通过向被害人交付一定货币，进而骗取其信任并实施诈骗的，由于货币具有流通性和经济价值，该部分货币可以从诈骗数额中扣除。

二、发送信息、拨打电话次数的认定

1. 拨打电话包括拨出诈骗电话和接听被害人回拨电话。反复拨打、接听同一电话号码，以及反复向同一被害人发送诈骗信息的，拨打、接听电话次数、发送信息条数累计计算。

2. 被害人是否接听、接收到诈骗电话、信息不影响次数、条数的计算。

3. 通过语音包发送的诈骗录音或通过网络等工具辅助拨出的电话，应当认定为拨打电话。

4. 发送信息条数、拨打电话次数的证据难以收集的，可以根据经查证属实的日发送信息条数、日拨打人次数，结合犯罪嫌疑人实施犯罪的时间、犯罪嫌疑人的供述等相关证据予以认定。这一条表明对特定情形下的有关犯罪数量可予推定，进一步体现了从严惩处的要求。[1]

---

[1] 参见李艳："宽严相济刑事政策在惩治电信网络诈骗犯罪中的科学运用——基于'两高一部'《关于办理电信网络诈骗等刑事案件适用法律若干问题的意见》的分析"，载《法律适用》2017年第9期，第54页；李睿懿、王珂："惩治电信网络诈骗犯罪的主要法律适用疑难问题"，载《法律适用》2017年第9期，第45页。

5. 发送信息条数和拨打电话次数在法律及司法解释未明确的情况下不宜换算累加。

第四节 电信网络诈骗的处罚

一、就高确定量刑起点

《意见》规定，对实施电信网络诈骗犯罪的被告人裁量刑罚，在确定量刑起点、基准刑时，一般应就高选择。确定宣告刑时，应当综合全案事实情节，准确把握从重、从轻量刑情节的调解幅度，保证罪责刑相适应。诈骗罪属于应当按照《关于常见犯罪的量刑指导意见（试行）》审理的案件，《意见》如此规定，遵循了量刑规范化的基本要求，也体现了从严惩处的态度。

二、十种酌定从重处罚情节

为体现对电信网络诈骗的从严惩处，并增强司法层面的可操作性，《意见》通过对司法实践中存在的突出共性问题的总结，采用明示列举的方式规定了十种从重处罚情节。

《意见》规定，实施电信网络诈骗犯罪，达到相应数额标准，具有下列情形之一的，酌情从重处罚：

1. 造成被害人或其近亲属自杀、死亡或者精神失常等严重后果的。
2. 冒充司法机关等国家机关工作人员实施诈骗的。
3. 组织、指挥电信网络诈骗犯罪团伙的。
4. 在境外实施电信网络诈骗的。
5. 曾因电信网络诈骗犯罪受过刑事处罚或者2年内曾因电信网络诈骗受过行政处罚的。
6. 诈骗残疾人、老年人、未成年人、在校学生、丧失劳动能力人的财物，或者诈骗重病患者及其亲属财物的。
7. 诈骗救灾、抢险、防汛、优抚、扶贫、移民、救济、医疗等款物的。
8. 以赈灾、募捐等社会公益、慈善名义实施诈骗的。
9. 利用电话追呼系统等技术手段严重干扰公安机关等部门工作的。

10. 利用"钓鱼网站"链接、"木马"程序链接、网络渗透等隐蔽技术手段实施诈骗的。

上述十个情节分别从不同角度出发,涵盖多种情形。① 包括:(1)犯罪后果的严重性,如诈骗致人自杀、死亡或者精神失常的;(2)犯罪手段的恶劣性,如利用"钓鱼网站""木马"程序链接进行诈骗的;(3)犯罪对象的特殊性,如诈骗残疾人、老年人、未成年人、在校学生、重病患者的;(4)诈骗款物的特殊性,如诈骗扶贫、救济款物的;(5)犯罪分子的特殊性,如犯罪分子是惯犯、职业犯的,或者有诈骗前科劣迹又实施诈骗的;(6)犯罪性质恶劣,如冒充司法机关等国家机关工作人员实施诈骗,在境外实施电信网络诈骗的。冒充司法机关等国家机关工作人员实施诈骗,不仅迷惑性强,容易使人上当进而骗得巨额钱财,而且严重损害国家机关形象和权威,给国家机关进行正常公务活动带来潜在的危害。而在境外实施电信网络诈骗,非法获利最多,打击难度最大,侦查成本最高。②

三、"其他严重情节""其他特别严重情节"的认定

在此处,《意见》又采用了犯罪数额和犯罪情节并重的做法。《意见》规定,实施电信网络诈骗犯罪,诈骗数额接近"数额巨大""数额特别巨大"的标准,具有上述十种从重情节之一的,应当分别认定为《刑法》第266条规定的"其他严重情节""其他特别严重情节"。"接近"一般应掌握在相应数额标准的80%以上。

这样规定的原因是为了解决实践中某些电信网络诈骗案件性质非常恶劣,但查实的诈骗数额没有达到相应的标准,如果仍然依照数额标准为主要量刑依据,可能出现罪责刑不相适应问题。比如,犯罪分子诈骗得逞后,导致被害人经济出现严重困难,悲伤之下自杀身亡,或者被害人较为特殊,难以承受被骗压力而自杀或死亡的。③ 但查实犯罪分子其实际骗得的总金额未达到3万元,即未达到"数额巨大"的标准。如果按照诈骗数额量刑,即使对其从重处罚,也

---

① 参见李艳:"宽严相济刑事政策在惩治电信网络诈骗犯罪中的科学运用——基于'两高一部'《关于办理电信网络诈骗等刑事案件适用法律若干问题的意见》的分析",载《法律适用》2017年第9期,第52页。
② 参见卢建平主编:《中国犯罪治理研究报告》,清华大学出版社2015年版,第169页。
③ 例如,2016年8月21日,徐某某因诈骗电话被骗走上大学的费用9900元,出现忧伤、焦虑、情绪压抑等不良精神和心理因素的情况下发生心源性休克,行心肺复苏后继多发器官功能衰竭而死亡。

只能在 3 年有期徒刑以下量刑。出于司法实践的需要，同时为了加大打击力度，《意见》作此规定。

但在具体适用时，需要注意几个问题：（1）本条的适用前提是达到"接近"的标准。为体现此类犯罪全国统一数额标准，《意见》对"接近"作出了明确表述，必须达到相应数额的 80% 以上，即诈骗数额至少达到 2.4 万元、40 万元，才属于"接近"。（2）"数额较大"的入罪标准，即 3000 元只有唯一标准，不存在"接近"的问题，不适用此规定。（3）"接近"的数额标准和 10 种情节标准缺一不可。在符合数额"接近"的前提下，必须同时具备前述诈骗致人死亡等 10 种情节之一，才可适用此条规定。①

四、严格限制缓刑适用

《意见》规定，对实施电信网络诈骗犯罪的被告人，应当严格控制适用缓刑的范围，严格掌握适用缓刑的条件。我国对于某些特殊的严重犯罪也有类似限制缓刑的规定，如毒品犯罪。② 电信网络诈骗犯罪演变至今，已经具有了智能化和专业化色彩，犯罪分子往往长期从事这类违法犯罪活动，甚至部分犯罪分子在受过打击处理后仍继续犯罪。此外，依托于互联网科技，犯罪分子的犯罪手法愈发隐蔽，反侦查能力更强，犯罪危害面更大。③ 因此，必须防止电信网络诈骗犯罪分子利用缓刑期间再次实施电信网络诈骗犯罪，限制缓刑的适用。

与之相应，检察机关在审查批准逮捕中，对于社会危险性的评价，应注意以下几点：（1）综合考量。结合犯罪嫌疑人的作案时间、次数、金额、前科劣迹、同案犯到案情况、认罪悔罪态度、在共同犯罪中的地位作用、再犯可能性等情况综合认定其社会危险性。（2）结合电信网络诈骗犯罪特点。电信网络诈骗犯罪通常是团伙且跨区域异地作案，侦查取证难度大，犯罪嫌疑人在当地多没有稳定的工作、收入和住处，难以提供保证人，尤其是对于诈骗集团的首要分子和骨干成员、"专业技术人员"、惯犯、职业犯，一般情况下可以认为社会

---

① 参见李睿懿、王珂："惩治电信网络诈骗犯罪的主要法律适用疑难问题"，载《法律适用》2017 年第 9 期，第 45 页。

② 《全国法院毒品犯罪审判工作座谈会纪要》规定，对于毒品犯罪应当从严掌握缓刑适用条件。对于毒品再犯，一般不得适用缓刑。对于不能排除多次贩毒嫌疑的零包贩毒被告人，因认定构成贩卖毒品等犯罪的证据不足而认定为非法持有毒品罪的被告人，实施引诱、教唆、欺骗、强迫他人吸毒犯罪及制毒物品犯罪的被告人，应当严格限制缓刑适用。

③ 参见黄河、张庆彬、刘涛："破解打击电信网络诈骗犯罪的五大难题——《关于办理电信网络诈骗等刑事案件适用法律若干问题的意见》解读"，载《人民检察》2017 年第 11 期，第 35~36 页。

危险性较大，考虑予以逮捕，以确保诉讼的顺利进行并防止发生新的社会危险。① （3）宽严相济，严格控制适用缓刑的范围。对于初犯、从犯等，要与犯罪集团、团伙的首要分子、主犯等有所区分，根据现有证据证实确实没有社会危险性的，依法适用非羁押性强制措施，即并非排除对所有被告人适用缓刑。而是对一些特定对象要"严格控制适用"，主要是诈骗集团、团伙的首要分子和骨干成员、"专业技术人员"、惯犯、职业犯等，即主观恶性相对较深、再犯可能性相对较大的犯罪分子。对于犯罪集团、团伙的从犯、新手以及在诈骗窝点中从事后勤保障服务的"非专业技术人员"，如果确实符合适用缓刑条件的，并非不可以适用缓刑。②

第五节　共同犯罪及主从犯责任的认定

一、电信网络诈骗犯罪集团认定标准

近年来，电信网络诈骗呈现出犯罪规模集团化的特征。借助互联网技术的便利，同时躲藏在境外，部分开始仅有几个人组成的小诈骗团队，渐渐发展成为有严格的分工与合作、各司其职、使用化名的较为稳定的犯罪集团。一些电信网络诈骗犯罪越来越组织化与集团化，组织结构严密，且分工明确，呈现出"金字塔型"的管理结构，从上至下分为组织策划者、具体操作者、受雇取款者等多个层级。最高层级的由组织、策划者负责组织、纠集成员并指挥实施诈骗，中等层级的有购买作案工具者、培训者、日常管理者、具体操作者，最低层级的有受雇取款者等。③ 电信网络诈骗犯罪分子在合作中获利，并建立起固定的合作关系，形成犯罪网络。"黑色产业"链条环环相扣，诈骗组织不断再生，加大打击难度。④

---

① 参见黄河、张庆彬、刘涛："破解打击电信网络诈骗犯罪的五大难题——《关于办理电信网络诈骗等刑事案件适用法律若干问题的意见》解读"，载《人民检察》2017年第11期，第36页。
② 参见李睿懿、王珂："惩治电信网络诈骗犯罪的主要法律适用疑难问题"，载《法律适用》2017年第9期，第48页。
③ 参见吴成杰、陈雯："电信网络诈骗案件中的疑难问题探讨"，载《法律适用》2017年第21期，第41页。
④ 参见傅昌波、耿颖超："深化电信网络诈骗综合治理的建议"，载《中国行政管理》2017年第10期，第153页。

（一）理论标准

对于3人以上为实施电信网络诈骗而组成的较为固定的犯罪组织，应当依法认定为犯罪集团。

（二）司法实践中的认定标准

1. 张凯闵等52人电信网络诈骗案（检例第67号）[①]

该犯罪组织以共同实施电信网络诈骗犯罪为目的而组建，首要分子虽然没有到案，但在案证据充分证明该犯罪组织在首要分子的领导、指挥下，有固定人员负责窝点的组建管理、人员的召集培训，分工担任一线、二线、三线话务员，该诈骗犯罪组织符合刑法关于犯罪集团的规定，应当认定为犯罪集团。

有明显首要分子，主要成员固定，其他人员有一定流动性的电信网络诈骗犯罪组织，可以认定为诈骗犯罪集团实施电信网络诈骗犯罪，大都涉案人员众多、组织严密、层级分明、各环节分工明确。对符合刑法关于犯罪集团规定，有明确首要分子，主要成员固定，其他人员虽有一定流动性的电信网络诈骗犯罪组织，依法可以认定为诈骗犯罪集团。

2. 罗某、郑某某等21人诈骗案[②]

电信网络诈骗一般是长期设置窝点作案，有明确的组织、指挥者，骨干成员固定，结构严密，层级分明，各个环节分工明确，各司其职，衔接有序，多已形成犯罪集团，其中起组织、指挥作用的，依法认定为犯罪集团首要分子，其中起主要作用的骨干成员，包括各个环节的负责人，一般认定为主犯，按照其所参与或者组织、指挥的全部犯罪处罚。

3. 张某诈骗案[③]

大宗商品交易平台诈骗案中，一般有股东、业务经理、业务主任、分析师、业务员5个层级，对于是否能认定为犯罪集团，集团中首要分子的认定、主从犯的区分，犯罪数额的认定，宽严相济刑事政策的把握等问题，在实务中缺乏较为明确统一的法律适用标准。本案所涉犯罪组织符合犯罪集团的4个特征，

[①] "最高人民检察院第十八批指导性案例"，载最高人民检察院官网 https://www.spp.gov.cn/spp/xwfbh/wsfbh/202004/t20200408_458230.shtml，最后访问时间：2022年12月6日。
[②] "最高人民法院发布十起依法惩治电信网络诈骗犯罪及其关联犯罪典型案例"，载最高人民法院官网 https://www.court.gov.cn/zixun-xiangqing-371131.html，最后访问时间：2022年12月6日。
[③] 浙江省高级人民法院（2017）浙刑终330号刑事裁定书。

即由3人以上所组成；具有较强的组织性，股东、管理层等核心成员相对固定，成员之间具有领导与被领导的分工关系；具有犯罪的目的性，以通过欺诈手段获取被害人财物为目的；具有一定的稳定性，不是为了实施一次犯罪而临时结伙，而是为长期、多次实施犯罪而存在的稳定组织。

二、主犯、从犯责任承担标准

电信网络诈骗犯罪案件多属共同犯罪。实践中，一些电信网络诈骗分子结伙实施犯罪，长期设置固定窝点，有明显的组织指挥者，骨干成员固定，结构严密，层级分明，各个环节分工明确，各司其职，衔接有序，有的甚至实行公司化管理。[①] 但过去各地法院在审理过程中未严格、准确区分主从犯的问题突出，导致了量刑偏差及失衡。为此《意见》及《指引》对电信网络诈骗犯罪集团及集团的首要分子、主犯、从犯的认定和处罚作出规定。《意见（二）》中也明确指出办理电信网络诈骗犯罪案件，应当充分贯彻宽严相济刑事政策。在侦查、审查起诉、审判过程中，应当全面收集证据、准确甄别犯罪嫌疑人、被告人在共同犯罪中的层级地位及作用大小，结合其认罪态度和悔罪表现，区别对待，宽严并用，科学量刑，确保罚当其罪。

（一）《指引》《意见》中关于共同犯罪及主从犯责任的认定

1. 对于3人以上为实施电信网络诈骗而组成的较为固定的犯罪组织，应当依法认定为犯罪集团。对于犯罪集团的首要分子，按照集团所犯全部犯罪处罚，并且对犯罪集团中组织、指挥、策划者和骨干分子依法从严惩处。

对犯罪集团中起次要、辅助作用的从犯，特别是在规定期限内投案自首、积极协助抓获主犯、积极协助追赃的，依法从轻或减轻处罚。

2. 对于其余主犯，按照其所参与或者组织、指挥的全部犯罪处罚。多人共同实施电信网络诈骗，犯罪嫌疑人、被告人应对其参与期间该诈骗团伙实施的全部诈骗行为承担责任。全部犯罪包括能够查明具体诈骗数额的事实和能够查明发送诈骗信息条数、拨打诈骗电话人次数、诈骗信息网页浏览次数的事实。

3. 多人共同实施电信网络诈骗，犯罪嫌疑人、被告人应对其参与期间该诈骗团伙实施的全部诈骗行为承担责任。在其所参与的犯罪环节中起主要作用的，可以认定为主犯；起次要作用的，可以认定为从犯。

---

① 参见戴长林主编：《网络犯罪司法实务研究及相关司法解释理解与适用》，人民法院出版社2014年版，第57页。

"参与期间",从犯罪嫌疑人、被告人着手实施诈骗行为开始起算。

4. 对于部分被招募发送信息、拨打电话的犯罪嫌疑人,应当对其参与期间整个诈骗团伙的诈骗行为承担刑事责任,但可以考虑参与时间较短、诈骗数额较低、发送信息、拨打电话较少,认定为从犯,从宽处理。

5. 对于专门取款人,由于其可在短时间内将被骗款项异地转移,对诈骗既遂起到了至关重要的作用,也大大增加了侦查和追赃难度,因此应按其在共同犯罪中的具体作用进行认定,不宜一律认定为从犯。

6. 犯罪嫌疑人是诈骗团伙的首要分子或者主犯。对于首要分子,要重点审查其在电信网络诈骗集团中是否起到组织、策划、指挥作用。对于其他主犯,要重点审查其是否为犯意的发起者、犯罪的组织者、策划者、指挥者、主要责任者,是否参与了犯罪的全过程或关键环节以及在犯罪中所起的作用;诈骗团伙的具体管理者、组织者、招募者、电脑操盘人员、对诈骗成员进行培训的人员以及制作、提供诈骗方案、术语清单、语音包、信息的人员可以认定为主犯;取款组、供卡组、公民个人信息提供组等负责人,对维持诈骗团伙运转起着重要作用的,可以认定为主犯;对于其他实行犯是否属于主犯,主要通过其参加时段实施共同犯罪活动的程度、具体罪行的大小、对造成危害后果的作用等来认定。

(二) 司法案例中的认定标准及适用

1. 吕某某等人诈骗案[①]

准确区分共同犯罪中被告人的作用,坚持"轻轻重重"的分层处理原则。对共同犯罪案件,检察机关依法审查证据,准确认定事实,区分共同犯罪中各被告人的地位、作用。检察机关根据各行为人参与犯罪时间的长短、职责分工、非法获利、职业经历等情况,综合判断行为人责任轻重,分类处理涉案人员。

2. 罗某、郑某某等 21 人诈骗案[②]

电信网络诈骗一般是长期设置窝点作案,有明确的组织、指挥者,骨干成员固定,结构严密,层级分明,各个环节分工明确,各司其职,衔接有序,多已形成犯罪集团,其中起组织、指挥作用的,依法认定为犯罪集团首要分子,其中起主要作用的骨干成员,包括各个环节的负责人,一般认定为主犯,按照

[①] "检察机关依法惩治制售假冒伪劣商品犯罪典型案例",载最高人民检察院官网 https://www.spp.gov.cn/spp/xwfbh/wsfbt/202203/t20220314_549089.shtml#2,最后访问时间:2022 年 12 月 6 日。

[②] "最高人民法院发布十起依法惩治电信网络诈骗犯罪及其关联犯罪典型案例",载最高人民法院官网 https://www.court.gov.cn/zixun-xiangqing-371131.html,最后访问时间:2022 年 12 月 6 日。

其所参与或者组织、指挥的全部犯罪处罚。

3. 赵某某等 9 人诈骗案①

电信网络诈骗犯罪的涉案人员在共同犯罪中的地位作用、行为的危害程度、主观恶性和人身危险性等方面有一定区别。人民法院对电信网络诈骗犯罪在坚持依法从严惩处的同时，也注重宽以济严，确保效果良好。

4. 吴某强、吴某祥等 60 人诈骗案②

对于涉案人数较多的电信网络诈骗案件，区分对象分层处理。电信网络诈骗案件层级多、人员多，对此检察机关要区分人员地位作用、分层分类处理，不宜一刀切。对于参与时间较短、情节较轻、获利不多的较低层次人员，贯彻"少捕慎诉慎押"的刑事司法政策，依法从宽处理。对于犯罪集团中的组织者、骨干分子和幕后"金主"，依法从严惩处。对于与诈骗分子同谋，为诈骗犯罪提供虚假证明、技术支持等帮助，依法以诈骗罪共犯论处，做到罚当其罪。

5. 张凯闵等 52 人电信网络诈骗案（检例第 67 号）③

对出资筹建诈骗窝点、掌控诈骗所得资金、制定犯罪计划等起组织、指挥管理作用的，依法可以认定为诈骗犯罪集团首要分子，按照集团所犯的全部罪行处罚。对负责协助首要分子组建窝点、招募培训人员等起积极作用的或加入时间较长，通过接听拨打电话对受害人进行诱骗，次数较多、诈骗金额较大的，依法可以认定为主犯，按照其参与或组织、指挥的全部犯罪处罚。对诈骗次数较少、诈骗金额较小，在共同犯罪中起次要或者辅助作用的，依法可以认定为从犯，依法从轻、减轻或免除处罚。

6. 张某某等诈骗案④

在涉案诈骗犯罪集团中从事窝点筹备、组建、人员分工、管理、培训等行为，或者从事二、三线，以及电脑操作、翻译、租房、后勤保障的核心成员，因其职责较为固定，加入时间相对较长，且均积极参加犯罪，在共同诈骗犯罪

---

① "最高人民法院发布十起依法惩治电信网络诈骗犯罪及其关联犯罪典型案例"，载最高人民法院官网 https://www.court.gov.cn/zixun-xiangqing-371131.html，最后访问时间：2022 年 12 月 6 日。
② "检察机关打击治理电信网络诈骗及关联犯罪典型案例"，载最高人民检察官网 https://www.spp.gov.cn/spp/xwfbh/wsfbt/202204/t20220421_554307.shtml#2，最后访问时间：2022 年 12 月 6 日。
③ "最高人民检察院第十八批指导性案例"，载最高人民检察院官网 https://www.spp.gov.cn/spp/xwfbh/wsfbh/202004/t20200408_458230.shtml，最后访问时间：2022 年 12 月 6 日。
④ 北京市高级人民法院（2018）京刑终 22 号刑事裁定书。

及各自所在环节中均起主要作用，故均依法认定为主犯。对于在诈骗犯罪中从事一线或个别从事后勤辅助工作的上诉人、原审被告人，考虑到其犯罪行为具有一定随机性和从属性，人员流动性较大，且参与时间相对较短，实际获利较少，均可认定为从犯。

三、关联犯罪事前通谋的认定

（一）明知的内容和程度

根据《意见》的规定，明知是电信网络诈骗犯罪所得及其产生的收益，通过使用销售点终端机具（POS机）刷卡套现等非法途径，协助转换或者转移财物等五种方式转账、套现、取现的，需要与直接实施电信网络诈骗犯罪嫌疑人事前通谋的才以共同犯罪论处。

应当重点审查帮助转换或者转移财物行为人是否在诈骗犯罪既遂之前与实施诈骗犯罪嫌疑人共谋或者虽无共谋但明知他人实施犯罪而提供帮助。

对于帮助者明知的内容和程度，并不要求其明知被帮助者实施诈骗行为的具体细节，其只要认识到对方实施诈骗犯罪行为即可。

审查时，"明知他人实施电信网络诈骗犯罪"应结合犯罪嫌疑人的认知能力、既往经历、行为次数和手段、与他人关系、获利情况、是否曾因电信网络诈骗受过处罚以及是否故意规避调查等主客观因素分析认定。

（二）"明知他人实施电信网络诈骗犯罪"的认定

明知他人实施电信网络诈骗犯罪，具有下列情形之一的，以共同犯罪论处，但法律和司法解释另有规定的除外：

1. 提供信用卡、资金支付结算账户、手机卡、通讯工具的。
2. 非法获取、出售、提供公民个人信息的。
3. 制作、销售、提供"木马"程序和"钓鱼软件"等恶意程序的。
4. 提供"伪基站"设备或相关服务的。
5. 提供互联网接入、服务器托管、网络存储、通讯传输等技术支持，或者提供支付结算等帮助的。
6. 在提供改号软件、通话线路等技术服务时，发现主叫号码被修改为国内党政机关、司法机关、公共服务部门号码，或者境外用户改为境内号码，仍提供服务的。
7. 提供资金、场所、交通、生活保障等帮助的。

8. 帮助转移诈骗犯罪所得及其产生的收益,套现、取现的。

(三) 司法实践中的通谋认定

1. 罗某杰诈骗案①

专门为诈骗犯罪分子提供资金转移通道,形成较为稳定协作关系的,应以诈骗罪共犯认定。跨境电信网络诈骗犯罪案件多是内外勾结配合实施,有的诈骗犯罪分子在境外未归案,司法机关难以获取相关证据,加大了对在案犯罪嫌疑人行为的认定难度。检察机关在办理此类案件时,要坚持主客观相统一原则,全面收集行为人与境外犯罪分子联络、帮助转移资金数额、次数、频率等方面的证据,对于行为人长期帮助诈骗团伙转账、套现、取现,或者提供专门资金转移通道,形成较为稳定协作关系的,在综合全案证据基础上,应认定其与境外诈骗分子具有通谋,以诈骗罪共犯认定,实现罪责刑相适应。

2. 李某某诈骗、妨害信用卡管理案②

本案的争议焦点在于被告人帮助电信诈骗正犯取款的行为是属于诈骗罪共犯,还是掩饰、隐瞒犯罪所得罪。关键在于取款者介入的阶段,以及是否有事前通谋或明知。取款者持有信用卡的时间节点须为事前持有,才构成诈骗罪共犯。如果是在诈骗犯罪实施前通谋的取款行为,自然成立诈骗罪的共犯。对于事前无通谋的,可分为三种情况:如果取款者在诈骗犯罪实施前介入,则属于收取赃款、保管赃款和取款行为的结合,其中收取赃款、保管赃款的行为无疑是电信诈骗罪的组成部分,成立诈骗罪的共犯;如果取款者接受信用卡发生在电信诈骗过程中,则属于承继的共犯;如果取款者接受信用卡发生在电信诈骗完成并既遂之后,则不可能具有诈骗故意,而是诈骗完成后对赃款的处理,故不构成诈骗罪的共犯,根据具体情况,可能成立掩饰、隐瞒犯罪所得罪。

3. 李某某等诈骗案③

认定被告人对他人实施电信网络诈骗犯罪是否明知,可以结合被告人的认知能力、既往经历、行为次数和手段、与他人关系、获利情况以及是否故意规避调查等因素。电信网络诈骗犯罪活动通常被分解为不同的步骤,交由不同的

---

① "检察机关打击治理电信网络诈骗及关联犯罪典型案例",载最高人民检察院官网 https://www.spp.gov.cn/spp/xwfbh/wsfbt/202204/t20220421_554307.shtml#2, 最后访问时间:2022年12月6日。
② 浙江省杭州市中级人民法院 (2018) 浙01刑终846号刑事裁定书,来源于中国裁判文书网,最后访问时间:2022年12月6日。
③ 江西省吉水县人民法院 (2020) 赣0822刑初71号刑事判决书,来源于中国裁判文书网,最后访问时间:2022年12月6日。

人来完成。对于电信网络诈骗犯罪下游的取款者而言，其与上游诈骗犯罪正犯事前通谋的，毫无疑问可以认定为诈骗罪的共犯。《意见》规定，表明取款者成立诈骗共同犯罪，并不要求其与上游诈骗犯罪分子事前通谋，只要其主观上明知他人实施电信网络诈骗犯罪，客观上实施了帮助转移诈骗犯罪所得、套现、取现等行为的，就构成诈骗共同犯罪。

结合本案事实，当李某某的上线让其找人"出钱"，李某某找到林某等人协商如何取钱、抽成时，实际上是在为实施电信网络诈骗犯罪做准备。林某等人不仅言语上同意，而且以事先准备现金、提供银行卡等实际行动向上游电信网络诈骗分子表明其愿意提供帮助，当上述被告人多次实施取款行为且与同一个上线联系时，在主观上与上游诈骗分子形成了稳固的犯意联络、具备诈骗共同犯罪故意。虽然不是事前通谋，但可以认定上述被告人对其所帮助的上游网络诈骗犯罪行为持一种概括的共同犯罪故意。

第三章

电信网络诈骗证据的收集与审查判断

第一节 电子数据的收集与审查判断

一、电子数据的收集

（一）《意见》的规定

网络电信诈骗不受空间距离的限制，可以是跨省、跨境甚至跨国操控进行。随着打击跨境网络电信诈骗力度逐步加大，侦查人员经常到境外执行拘捕任务。指挥和执行任务的侦查人员和司法人员务必要尊重所在国家的司法主权，通过沟通最大限度地争取当地司法部门的支持配合。此外，还应当熟悉有关国际法律（国际公约），确保侦查取证工作的合法性，同时熟练应用有关法律维护我国司法主权，特别是对有关案件的管辖权。

1. 办理电信网络诈骗案件，确因被害人人数众多等客观条件的限制，无法逐一收集被害人陈述的，可以结合已收集的被害人陈述，以及经查证属实的银行账户交易记录、第三方支付结算账户交易记录、通话记录、电子数据等证据，综合认定被害人人数及诈骗资金数额等犯罪事实。

2. 公安机关采取技术侦查措施收集的案件证明材料，作为证据使用的，应当随案移送批准采取技术侦查措施的法律文书和所收集的证据材料，并对其来源等作出书面说明。

3. 依照国际条约、刑事司法协助、互助协议或平等互助原则，请求证据材料所在地司法机关收集，或者通过国际警务合作机制、国际刑警组织启动合作取证程序收集的境外证据材料，经查证属实，可以作为定案的依据。公安机关应对其来源、提取人、提取时间或者提供人、提供时间以及保管移交的过程等作出说明。

4. 对其他来自境外的证据材料，应当对其来源、提供人、提供时间以及提取人、提取时间进行审查。能够证明案件事实且符合《刑事诉讼法》规定的，可以作为证据使用。

（二）《关于办理信息网络犯罪案件适用刑事诉讼程序若干问题的意见》

1. 公安机关向网络服务提供者调取电子数据的，应当制作调取证据通知书，注明需要调取的电子数据的相关信息。调取证据通知书及相关法律文书可以采用数据电文形式。跨地域调取电子数据的，可以通过公安机关信息化系统传输相关数据电文。

网络服务提供者向公安机关提供电子数据的，可以采用数据电文形式。采用数据电文形式提供电子数据的，应当保证电子数据的完整性，并制作电子证明文件，载明调证法律文书编号、单位电子公章、完整性校验值等保护电子数据完整性方法的说明等信息。

数据电文形式的法律文书和电子证明文件，应当使用电子签名、数字水印等方式保证完整性。

2. 询（讯）问异地证人、被害人以及与案件有关联的犯罪嫌疑人的，可以由办案地公安机关通过远程网络视频等方式进行并制作笔录。

远程询（讯）问的，应当由协作地公安机关事先核实被询（讯）问人的身份。办案地公安机关应当将询（讯）问笔录传输至协作地公安机关。询（讯）问笔录经被询（讯）问人确认并逐页签名、捺指印后，由协作地公安机关协作人员签名或者盖章，并将原件提供给办案地公安机关。询（讯）问人员收到笔录后，应当在首页右上方写明"于某年某月某日收到"，并签名或者盖章。

远程询（讯）问的，应当对询（讯）问过程同步录音录像，并随案移送。

3. 人民检察院依法自行侦查、补充侦查，或者人民法院调查核实相关证据的，适用上述第1、2点的有关规定。

4. 对于依照上述第1点中的规定调取的电子数据，人民检察院、人民法院可以通过核验电子签名、数字水印、电子数据完整性校验值及调证法律文书编号是否与证明文件相一致等方式，对电子数据进行审查判断。

对调取的电子数据有疑问的，由公安机关、提供电子数据的网络服务提供者作出说明，或者由原调取机关补充收集相关证据。

二、电子数据审查判断

（一）电子数据真实性的审查

通过审查存储介质的扣押、移交等法律手续及清单，核实电子数据存储介质在收集、保管、鉴定、检查等环节中是否保持原始性和同一性。以及，要审查电子数据内容的真实性。通过审查在案言词证据能否与电子数据相互印证，不同的电子数据间能否相互印证等，核实电子数据包含的案件信息能否与在案的其他证据相互印证。具体审查判断包括：

1. 是否移送原始存储介质；在原始存储介质无法封存、不便移动时，有无说明原因，并注明收集、提取过程及原始存储介质的存放地点或者电子数据的来源等情况。

2. 电子数据是否具有数字签名、数字证书等特殊标识。

3. 电子数据的收集、提取过程是否可以重现。

4. 电子数据如有增加、删除、修改等情形的，是否附有说明。

5. 电子数据的完整性是否可以保证。

（二）电子数据合法性的审查

1. 收集、提取电子数据是否由2名以上侦查人员进行，取证方法是否符合相关技术标准。

2. 收集、提取电子数据，是否附有笔录、清单，并经侦查人员、电子数据持有人（提供人）、见证人签名或者盖章；没有持有人（提供人）签名或者盖章的，是否注明原因；对电子数据的类别、文件格式等是否注明清楚。

3. 是否依照有关规定由符合条件的人员担任见证人，是否对相关活动进行录像。

4. 电子数据检查是否将电子数据存储介质通过写保护设备接入到检查设备；有条件的，是否制作电子数据备份，并对备份进行检查；无法制作备份且无法使用写保护设备的，是否附有录像。

5. 通过技术侦查措施，利用远程计算机信息系统进行网络远程勘验收集到电子数据，作为证据使用的，是否随案移送批准采取技术侦查措施的法律文书和所收集的证据材料，是否对其来源等作出书面说明。

6. 对电子数据作出鉴定意见的鉴定机构是否具有司法鉴定资质。

（三）电子数据客观性的审查

要审查电子数据本身是否客观、真实、完整。通过审查电子数据的来源和收集过程，核实电子数据是否从原始存储介质中提取，收集的程序和方法是否符合法律和相关技术规范。对从境外起获的存储介质中提取、恢复的电子数据应当进行无污损鉴定，将起获设备的时间作为鉴定的起始基准时间，以保证电子数据的客观、真实、完整。

（四）电子数据的采信

《意见》对电子数据的采信作了如下规定：

1. 经过公安机关补正或者作出合理解释可以采信的电子数据：未以封存状态移送的；笔录或者清单上没有侦查人员、电子数据持有人（提供人）、见证人签名或者盖章的；对电子数据的名称、类别、格式等注明不清的；有其他瑕疵的。

2. 不能采信的电子数据：电子数据系篡改、伪造或者无法确定真伪的；电子数据有增加、删除、修改等情形，影响电子数据真实性的；其他无法保证电子数据真实性的情形。

同时，《关于办理信息网络犯罪案件适用刑事诉讼程序若干问题的意见》第17条规定，对于依照本意见第14条的规定调取的电子数据，人民检察院、人民法院可以通过核验电子签名、数字水印、电子数据完整性校验值及调证法律文书编号是否与证明文件相一致等方式，对电子数据进行审查判断。对调取的电子数据有疑问的，由公安机关、提供电子数据的网络服务提供者作出说明，或者由原调取机关补充收集相关证据。

第二节　境外证据的收集与审查判断

一、证据来源合法性的审查

境外证据的来源包括：外交文件（国际条约、互助协议）；司法协助（刑事司法协助、平等互助原则）；警务合作（国际警务合作机制、国际刑警组织）。由于上述来源方式均需要有法定的程序和条件，对境外证据的审查要注意：证据来源是否为通过上述途径收集，审查报批、审批手续是否完备，程序是否合法；证据材料移交过程是否合法，手续是否齐全，确保境外证据的来源合法性。具体而言，对在境外获取的实施犯罪的证据，需要审查的有：

1. 是否符合我国刑事诉讼法的相关规定，对能够证明案件事实且符合《刑事诉讼法》规定的，可以作为证据使用。

2. 对基于有关条约、司法互助协定、两岸司法互助协议或通过国际组织委托调取的证据，应注意审查相关办理程序、手续是否完备，取证程序和条件是否符合有关法律文件的规定。对不具有规定规范的,一般应当要求提供所在国公证机关证明,由所在国中央外交主管机关或其授权机关认证,并经我国驻该国使、领馆认证。

3. 对委托取得的境外证据,移交过程中应注意审查过程是否连续、手续是否齐全、交接物品是否完整、双方的交接清单记载的物品信息是否一致、交接清单与交接物品是否一一对应。

4. 对当事人及其辩护人、诉讼代理人提供的来自境外的证据材料,要审查其是否按照条约等相关规定办理了公证和认证,并经我国驻该国使、领馆认证。

二、证据转换的规范性审查

对于不符合我国证据种类和收集程序要求的境外证据,侦查机关要重新进行转换和固定,才能作为证据使用。对于部分的境外审查,要注重以下几方面的审查:

1. 境外交接证据过程的连续性,是否有交接文书,交接文书是否包含接收证据。

2. 接收移交、开箱、登记时是否全程录像,确保交接过程的真实性,交接物品的完整性。

3. 境外证据按照我国证据收集程序重新进行固定的,依据相关规定进行,注意证据转换过程的连续性和真实性的审查。

4. 公安机关是否对境外证据来源、提取人、提取时间或者提供人、提供时间以及保管移交的过程等作出说明,有无对电子数据完整性等专门性问题的鉴定意见等。

5. 无法确认证据来源、证据真实性、收集程序违法无法补正等境外证据应予排除。

三、其他来源的境外证据的审查

通过其他渠道收集的境外证据材料,作为证据使用的,应注重对其来源、提供人、提供时间以及提取人、提取时间进行审查。能够证明案件事实且符合《刑事诉讼法》规定的,可以作为证据使用。

第四章

电信网络诈骗关联犯罪追诉、量刑标准

一

侵犯公民个人信息罪

刑法规定	**第253条之一** 违反国家有关规定，向他人出售或者提供公民个人信息，情节严重的，处3年以下有期徒刑或者拘役，并处或者单处罚金；情节特别严重的，处3年以上7年以下有期徒刑，并处罚金。 违反国家有关规定，将在履行职责或者提供服务过程中获得的公民个人信息，出售或者提供给他人的，依照前款的规定从重处罚。 窃取或者以其他方法非法获取公民个人信息的，依照第一款的规定处罚。 单位犯前三款罪的，对单位判处罚金，并对其直接负责的主管人员和其他直接责任人员，依照各该款的规定处罚。
立案标准	行为人违反国家有关规定，向他人出售或者提供公民个人信息，情节严重的，或者窃取、以其他方法非法获取公民个人信息的，应予立案追诉。
量刑标准	犯本罪的	处3年以下有期徒刑或者拘役，并处或者单处罚金。
	情节特别严重的	处3年以上7年以下有期徒刑，并处罚金。
	反国家有关规定，将在履行职责或者提供服务过程中获得的公民个人信息，出售或者提供给他人的	从重处罚。
	单位犯本罪的	对单位判处罚金，并对其直接负责的主管人员和其他直接责任人员，依照上述规定处罚。
	1. 非法获取、出售或者提供公民个人信息，具有下列情形之一的，应当认定为"情节严重"： （1）出售或者提供行踪轨迹信息，被他人用于犯罪的； （2）知道或者应当知道他人利用公民个人信息实施犯罪，向其出售或者提供的； （3）非法获取、出售或者提供行踪轨迹信息、通信内容、征信信息、财产信息50条以上的； （4）非法获取、出售或者提供住宿信息、通信记录、健康生理信息、交易	

35

续表

量刑标准	信息等其他可能影响人身、财产安全的公民个人信息 500 条以上的； （5）非法获取、出售或者提供第（3）（4）规定以外的公民个人信息 5000 条以上的； （6）数量未达到第（3）至第（5）规定标准，但是按相应比例合计达到有关数量标准的； （7）违法所得 5000 元以上的； （8）将在履行职责或者提供服务过程中获得的公民个人信息出售或者提供给他人，数量或者数额达到第（3）至第（7）规定标准一半以上的； （9）曾因侵犯公民个人信息受过刑事处罚或者 2 年内受过行政处罚，又非法获取、出售或者提供公民个人信息的； （10）其他情节严重的情形。 2. 为合法经营活动而非法购买、收受《关于办理侵犯公民个人信息刑事案件适用法律若干问题的解释》第 5 条第 1 款第 3 项、第 4 项规定以外的公民个人信息，具有下列情形之一的，应当认定为"情节严重"： （1）利用非法购买、收受的公民个人信息获利 5 万元以上的； （2）曾因侵犯公民个人信息受过刑事处罚或者 2 年内受过行政处罚，又非法购买、收受公民个人信息的； （3）其他情节严重的情形。 实施上述行为，将购买、收受的公民个人信息非法出售或者提供的，定罪量刑标准适用《关于办理侵犯公民个人信息刑事案件适用法律若干问题的解释》第 5 条的规定。 3. 实施《关于办理侵犯公民个人信息刑事案件适用法律若干问题的解释》第 5 条第 1 款规定的行为，具有下列情形之一的，应当认定为"情节特别严重"： （1）造成被害人死亡、重伤、精神失常或者被绑架等严重后果的； （2）造成重大经济损失或者恶劣社会影响的； （3）数量或者数额达到《关于办理侵犯公民个人信息刑事案件适用法律若干问题的解释》第 5 条第 1 款第 3 项至第 8 项规定标准 10 倍以上的； （4）其他情节特别严重的情形。

二

扰乱无线电通讯管理秩序罪

刑法规定	第288条 违反国家规定,擅自设置、使用无线电台(站),或者擅自使用无线电频率,干扰无线电通讯秩序,情节严重的,处3年以下有期徒刑、拘役或者管制,并处或者单处罚金;情节特别严重的,处3年以上7年以下有期徒刑,并处罚金。 单位犯前款罪的,对单位判处罚金,并对其直接负责的主管人员和其他直接责任人员,依照前款的规定处罚。
立案标准	违反国家规定,擅自设置、使用无线电台(站),或者擅自使用无线电频率,干扰无线电通讯秩序,情节严重的,应予立案追诉。 具有下列情形之一的,应当认定为"擅自设置、使用无线电台(站),或者擅自使用无线电频率,干扰无线电通讯秩序":(1)未经批准设置无线电广播电台("黑广播"),非法使用广播电视专用频段的频率的;(2)未经批准设置通信基站("伪基站"),强行向不特定用户发送信息,非法使用公众移动通信频率的;(3)未经批准使用卫星无线电频率的;(4)非法设置、使用无线电干扰器的;(5)其他擅自设置、使用无线电台(站),或者擅自使用无线电频率,干扰无线电通讯秩序的情形。
	犯本罪的	处3年以下有期徒刑、拘役或者管制,并处或者单处罚金。
	情节特别严重的	处3年以上7年以下有期徒刑,并处罚金。
	单位犯本罪的	对单位判处罚金,并对其直接负责的主管人员和其他直接责任人员,依照上述规定处罚。
量刑标准	1.违反国家规定,擅自设置、使用无线电台(站),或者擅自使用无线电频率,干扰无线电通讯秩序,具有下列情形之一的,应当认定为"情节严重": (1)影响航天器、航空器、铁路机车、船舶专用无线电导航、遇险救助和安全通信等涉及公共安全的无线电频率正常使用的; (2)自然灾害、事故灾难、公共卫生事件、社会安全事件等突发事件期间,在事件发生地使用"黑广播""伪基站"的; (3)举办国家或者省级重大活动期间,在活动场所及周边使用"黑广播""伪基站"的; (4)同时使用3个以上"黑广播""伪基站"的; (5)"黑广播"的实测发射功率500瓦以上,或者覆盖范围10公里以上的; (6)使用"伪基站"发送诈骗、赌博、招嫖、木马病毒、钓鱼网站链接

续表

量刑标准	等违法犯罪信息，数量在 5000 条以上，或者销毁发送数量等记录的； （7）雇佣、指使未成年人、残疾人等特定人员使用"伪基站"的； （8）违法所得 3 万元以上的； （9）曾因扰乱无线电通讯管理秩序受过刑事处罚，或者 2 年内曾因扰乱无线电通讯管理秩序受过行政处罚，又实施《刑法》第 288 条规定的行为的； （10）其他情节严重的情形。 2. 违反国家规定，擅自设置、使用无线电台（站），或者擅自使用无线电频率，干扰无线电通讯秩序，具有下列情形之一的，应当认定为"情节特别严重"： （1）影响航天器、航空器、铁路机车、船舶专用无线电导航、遇险救助和安全通信等涉及公共安全的无线电频率正常使用，危及公共安全的； （2）造成公共秩序混乱等严重后果的； （3）自然灾害、事故灾难、公共卫生事件和社会安全事件等突发事件期间，在事件发生地使用"黑广播""伪基站"，造成严重影响的； （4）对国家或者省级重大活动造成严重影响的； （5）同时使用 10 个以上"黑广播""伪基站"的； （6）"黑广播"的实测发射功率 3000 瓦以上，或者覆盖范围 20 公里以上的； （7）违法所得 15 万元以上的； （8）其他情节特别严重的情形。

三

掩饰、隐瞒犯罪所得、犯罪所得收益罪

刑法规定	第 312 条　明知是犯罪所得及其产生的收益而予以窝藏、转移、收购、代为销售或者以其他方法掩饰、隐瞒的，处 3 年以下有期徒刑、拘役或者管制，并处或者单处罚金；情节严重的，处 3 年以上 7 年以下有期徒刑，并处罚金。 单位犯前款罪的，对单位判处罚金，并对其直接负责的主管人员和其他直接责任人员，依照前款的规定处罚。
立案标准	明知是犯罪所得及其产生的收益而予以窝藏、转移、收购、代为销售或者以其他方法掩饰、隐瞒，具有下列情形之一的，应当以掩饰、隐瞒犯罪所得、犯罪所得收益罪定罪处罚： （1）1 年内曾因掩饰、隐瞒犯罪所得及其产生的收益行为受过行政处罚，又实施掩饰、隐瞒犯罪所得及其产生的收益行为的； （2）掩饰、隐瞒的犯罪所得系电力设备、交通设施、广播电视设施、公用电信设施、军事设施或者救灾、抢险、防汛、优抚、扶贫、移民、救济款物的；

		续表
立案标准	（3）掩饰、隐瞒行为致使上游犯罪无法及时查处，并造成公私财物损失无法挽回的； （4）实施其他掩饰、隐瞒犯罪所得及其产生的收益行为，妨害司法机关对上游犯罪进行追究的。	
量刑标准	犯本罪的	处3年以下有期徒刑、拘役或者管制，并处或者单处罚金。
	情节严重的	处3年以上7年以下有期徒刑，并处罚金。
	单位犯罪的	对单位判处罚金，并对其直接负责的主管人员和其他直接责任人员依上述规定处罚。
	掩饰、隐瞒犯罪所得及其产生的收益，具有下列情形之一的，应当认定为"情节严重"： （1）掩饰、隐瞒犯罪所得及其产生的收益价值总额达到10万元以上的； （2）掩饰、隐瞒犯罪所得及其产生的收益10次以上，或者3次以上且价值总额达到5万元以上的； （3）掩饰、隐瞒的犯罪所得系电力设备、交通设施、广播电视设施、公用电信设施、军事设施或者救灾、抢险、防汛、优抚、扶贫、移民、救济款物，价值总额达到5万元以上的； （4）掩饰、隐瞒行为致使上游犯罪无法及时查处，并造成公私财物重大损失无法挽回或其他严重后果的； （5）实施其他掩饰、隐瞒犯罪所得及其产生的收益行为，严重妨害司法机关对上游犯罪予以追究的。 司法解释对掩饰、隐瞒涉及机动车、计算机信息系统数据、计算机信息系统控制权的犯罪所得及其产生的收益行为认定"情节严重"已有规定的，审理此类案件依照该规定。	

四

招摇撞骗罪

刑法规定	第279条　冒充国家机关工作人员招摇撞骗的，处3年以下有期徒刑、拘役、管制或者剥夺政治权利；情节严重的，处3年以上10年以下有期徒刑。 冒充人民警察招摇撞骗的，依照前款的规定从重处罚。
立案标准	冒充国家机关工作人员进行招摇撞骗的，应予立案追诉。

量刑标准	犯本罪的	处3年以下有期徒刑、拘役、管制或者剥夺政治权利。
	情节严重的	处3年以上10年以下有期徒刑。
	冒充人民警察招摇撞骗的	依照上述规定从重处罚。

五

妨害信用卡管理罪

刑法规定	第277条之一第1款 有下列情形之一，妨害信用卡管理的，处3年以下有期徒刑或者拘役，并处或者单处1万元以上10万元以下罚金；数量巨大或者有其他严重情节的，处3年以上10年以下有期徒刑，并处2万元以上20万元以下罚金： （1）明知是伪造的信用卡而持有、运输的，或者明知是伪造的空白信用卡而持有、运输，数量较大的； （2）非法持有他人信用卡，数量较大的； （3）使用虚假的身份证明骗领信用卡的； （4）出售、购买、为他人提供伪造的信用卡或者以虚假的身份证明骗领的信用卡的。
立案标准	妨害信用卡管理，涉嫌下列情形之一的，应予立案追诉： （1）明知是伪造的信用卡而持有、运输的； （2）明知是伪造的空白信用卡而持有、运输，数量累计在10张以上的； （3）非法持有他人信用卡，数量累计在5张以上的； （4）使用虚假的身份证明骗领信用卡的； （5）出售、购买、为他人提供伪造的信用卡或者以虚假的身份证明骗领的信用卡的。 违背他人意愿，使用其居民身份证、军官证、士兵证、港澳居民往来内地通行证、台湾居民来往大陆通行证、护照等身份证明申领信用卡的，或者使用伪造、变造的身份证明申领信用卡的，应当认定为"使用虚假的身份证明骗领信用卡"。
量刑标准	犯本罪的	处3年以下有期徒刑或者拘役，并处或者单处1万元以上10万元以下罚金。
	数量巨大或者有其他严重情节的	处3年以上10年以下有期徒刑，并处2万元以上20万元以下罚金。

第四章 电信网络诈骗关联犯罪追诉、量刑标准

续表

量刑标准	1. 明知是伪造的空白信用卡而持有、运输 10 张以上不满 100 张的，应当认定为《刑法》第 177 条之一第 1 款第 1 项规定的"数量较大"；非法持有他人信用卡 5 张以上不满 50 张的，应当认定为《刑法》第 177 条之一第 1 款第 2 项规定的"数量较大"。 2. 有下列情形之一的，应当认定为"数量巨大"： （1）明知是伪造的信用卡而持有、运输 10 张以上的； （2）明知是伪造的空白信用卡而持有、运输 100 张以上的； （3）非法持有他人信用卡 50 张以上的； （4）使用虚假的身份证明骗领信用卡 10 张以上的； （5）出售、购买、为他人提供伪造的信用卡或者以虚假的身份证明骗领的信用卡 10 张以上的。 违背他人意愿，使用其居民身份证、军官证、士兵证、港澳居民往来内地通行证、台湾居民来往大陆通行证、护照等身份证明申领信用卡的，或者使用伪造、变造的身份证明申领信用卡的，应当认定为"使用虚假的身份证明骗领信用卡"。

六

拒不履行信息网络安全管理义务罪

刑法规定	第 286 条之一 网络服务提供者不履行法律、行政法规规定的信息网络安全管理义务，经监管部门责令采取改正措施而拒不改正，有下列情形之一的，处 3 年以下有期徒刑、拘役或者管制，并处或者单处罚金： （1）致使违法信息大量传播的； （2）致使用户信息泄露，造成严重后果的； （3）致使刑事案件证据灭失，情节严重的； （4）有其他严重情节的。 单位犯前款罪的，对单位判处罚金，并对其直接负责的主管人员和其他直接责任人员，依照前款的规定处罚。 有前两款行为，同时构成其他犯罪的，依照处罚较重的规定定罪处罚。
立案标准	根据《刑法》第 286 条之一的规定，本罪是结果犯或情节犯，构成本罪须出现严重后果或者行为达到严重的程度，有下列情形之一的，应当予以立案： （1）致使违法信息大量传播的； （2）致使用户信息泄露，造成严重后果的； （3）致使刑事案件证据灭失，情节严重的； （4）有其他严重情节的。

续表

	犯本罪的	处3年以下有期徒刑、拘役或者管制,并处或者单处罚金。
	单位犯本罪的	对单位判处罚金,并对其直接负责的主管人员和其他直接责任人员,依照上述规定处罚。
	犯本罪,同时构成其他犯罪的	依照处罚较重的规定定罪处罚。
量刑标准		1. 拒不履行信息网络安全管理义务,具有下列情形之一的,应当认定为"致使违法信息大量传播": (1) 致使传播违法视频文件200个以上的; (2) 致使传播违法视频文件以外的其他违法信息2000个以上的; (3) 致使传播违法信息,数量虽未达到第1项、第2项规定标准,但是按相应比例折算合计达到有关数量标准的; (4) 致使向2000个以上用户账号传播违法信息的; (5) 致使利用群组成员账号数累计3000以上的通讯群组或者关注人员账号数累计3万以上的社交网络传播违法信息的; (6) 致使违法信息实际被点击数达到5万以上的; (7) 其他致使违法信息大量传播的情形。 2. 拒不履行信息网络安全管理义务,致使用户信息泄露,具有下列情形之一的,应当认定为"造成严重后果": (1) 致使泄露行踪轨迹信息、通信内容、征信信息、财产信息500条以上的; (2) 致使泄露住宿信息、通信记录、健康生理信息、交易信息等其他可能影响人身、财产安全的用户信息5000条以上的; (3) 致使泄露第1项、第2项规定以外的用户信息5万条以上的; (4) 数量虽未达到第1项至第3项规定标准,但是按相应比例折算合计达到有关数量标准的; (5) 造成他人死亡、重伤、精神失常或者被绑架等严重后果的; (6) 造成重大经济损失的; (7) 严重扰乱社会秩序的; (8) 造成其他严重后果的。 3. 拒不履行信息网络安全管理义务,致使影响定罪量刑的刑事案件证据灭失,具有下列情形之一的,应当认定为"情节严重": (1) 造成危害国家安全犯罪、恐怖活动犯罪、黑社会性质组织犯罪、贪污贿赂犯罪案件的证据灭失的; (2) 造成可能判处5年有期徒刑以上刑罚犯罪案件的证据灭失的; (3) 多次造成刑事案件证据灭失的; (4) 致使刑事诉讼程序受到严重影响的; (5) 其他情节严重的情形。

第四章 电信网络诈骗关联犯罪追诉、量刑标准

续表

量刑标准	4. 拒不履行信息网络安全管理义务，具有下列情形之一的，应当认定为"有其他严重情节"： （1）对绝大多数用户日志未留存或者未落实真实身份信息认证义务的； （2）2年内经多次责令改正拒不改正的； （3）致使信息网络服务被主要用于违法犯罪的； （4）致使信息网络服务、网络设施被用于实施网络攻击，严重影响生产、生活的； （5）致使信息网络服务被用于实施危害国家安全犯罪、恐怖活动犯罪、黑社会性质组织犯罪、贪污贿赂犯罪或者其他重大犯罪的； （6）致使国家机关或者通信、能源、交通、水利、金融、教育、医疗等领域提供公共服务的信息网络受到破坏，严重影响生产、生活的； （7）其他严重违反信息网络安全管理义务的情形。

七

非法利用信息网络罪

刑法规定	第287条之一 利用信息网络实施下列行为之一，情节严重的，处3年以下有期徒刑或者拘役，并处或者单处罚金： （1）设立用于实施诈骗、传授犯罪方法、制作或者销售违禁物品、管制物品等违法犯罪活动的网站、通讯群组的； （2）发布有关制作或者销售毒品、枪支、淫秽物品等违禁物品、管制物品或者其他违法犯罪信息的； （3）为实施诈骗等违法犯罪活动发布信息的。 单位犯前款罪的，对单位判处罚金，并对其直接负责的主管人员和其他直接责任人员，依照第1款的规定处罚。 有前两款行为，同时构成其他犯罪的，依照处罚较重的规定定罪处罚。
立案标准	根据《刑法》第287条之一的规定，只要行为人利用信息网络，设立用于实施诈骗、传授犯罪方法、制作或者销售违禁物品、管制物品等违法犯罪活动的网站、通讯群组；发布有关制作或者销售毒品、枪支、淫秽物品等违禁物品、管制物品或者其他违法犯罪信息；为实施诈骗等违法犯罪活动发布信息；情节严重的，就构成本罪，并不要求行为人实现具体的犯罪目的。

43

续表

	情节严重的	处3年以下有期徒刑或者拘役，并处或者单处罚金。
	单位犯本罪的	对单位判处罚金，并对其直接负责的主管人员和其他直接责任人员，依照上述规定处罚。
	犯本罪，同时构成其他犯罪的	依照处罚较重的规定定罪处罚。
量刑标准	非法利用信息网络，具有下列情形之一的，应当认定为"情节严重"： 1. 假冒国家机关、金融机构名义，设立用于实施违法犯罪活动的网站的。 2. 设立用于实施违法犯罪活动的网站，数量达到3个以上或者注册账号数累计达到2000以上的。 3. 设立用于实施违法犯罪活动的通讯群组，数量达到5个以上或者群组成员账号数累计达到1000以上的。 4. 发布有关违法犯罪的信息或者为实施违法犯罪活动发布信息，具有下列情形之一的： （1）在网站上发布有关信息100条以上的。 （2）向2000个以上用户账号发送有关信息的。 （3）向群组成员数累计达到3000以上的通讯群组发送有关信息的。 （4）利用关注人员账号数累计达到3万以上的社交网络传播有关信息的。 5. 违法所得1万元以上的。 6. 2年内曾因非法利用信息网络、帮助信息网络犯罪活动、危害计算机信息系统安全受过行政处罚，又非法利用信息网络的。 7. 其他情节严重的情形。	

八

帮助信息网络犯罪活动罪

刑法规定	第287条之二　明知他人利用信息网络实施犯罪，为其犯罪提供互联网接入、服务器托管、网络存储、通讯传输等技术支持，或者提供广告推广、支付结算等帮助，情节严重的，处3年以下有期徒刑或者拘役，并处或者单处罚金。 单位犯前款罪的，对单位判处罚金，并对其直接负责的主管人员和其他直接责任人员，依照第一款的规定处罚。 有前两款行为，同时构成其他犯罪的，依照处罚较重的规定定罪处罚。
立案标准	明知他人利用信息网络实施犯罪，为其犯罪提供互联网接入、服务器托管、网络存储、通讯传输等技术支持，或者提供广告推广、支付结算等帮助，情节严重的，应予立案追诉。

续表

量刑标准	情节严重的	处3年以下有期徒刑或者拘役，并处或者单处罚金。
	单位犯本罪的	对单位判处罚金，并对其直接负责的主管人员和其他直接责任人员，依照上述规定处罚。
	犯本罪，同时构成其他犯罪的	依照处罚较重的规定定罪处罚。
	明知他人利用信息网络实施犯罪，为其犯罪提供帮助，具有下列情形之一的，应当认定为"情节严重"： （1）为3个以上对象提供帮助的； （2）支付结算金额20万元以上的； （3）以投放广告等方式提供资金5万元以上的； （4）违法所得1万元以上的； （5）2年内曾因非法利用信息网络、帮助信息网络犯罪活动、危害计算机信息系统安全受过行政处罚，又帮助信息网络犯罪活动的； （6）被帮助对象实施的犯罪造成严重后果的； （7）其他情节严重的情形。 实施上述行为，确因客观条件限制无法查证被帮助对象是否达到犯罪的程度，但相关数额总计达到上述第2项至第4项规定标准5倍以上，或者造成特别严重后果的，应当以帮助信息网络犯罪活动罪追究行为人的刑事责任。	

第五章

电信网络诈骗典型案例评析

一

易某某、连某某等 38 人诈骗、组织他人偷越国境、偷越国境、帮助信息网络犯罪活动、掩饰、隐瞒犯罪所得案[①]

案情简介

被告人易某某在缅甸创建"××集团",采取公司化运作模式,编写话术剧本,开展业务培训,配备作案工具,制定奖惩制度,形成组织严密、结构完整的犯罪集团。易某某作为诈骗犯罪集团的"老板",组织、领导该集团实施跨国电信网络诈骗,纠集被告人连某某加入该集团并逐步成为负责人,二人系诈骗集团的首要分子。被告人林某某担任主管,负责管理组长,进行业务培训指导;被告人闫某、伏某某、秦某、黄某某等人担任代理或组长,招募管理组员并督促、指导组员实施诈骗;被告人易某某1为实施诈骗提供技术支持。2018年8月至2019年12月,该集团先后招募、拉拢多名中国公民频繁偷越国境,往返我国和缅甸之间,用网络社交软件海量添加好友后,通过"杀猪盘"诈骗手段诈骗81名被害人钱财共计1820余万元。

案件焦点

跨境电信网络诈骗犯罪集团及主犯的认定。

[①] "人民法院依法惩治电信网络诈骗犯罪及其关联犯罪典型案例",载最高人民法院官网https://www.court.gov.cn/zixun-xiangqing-371131.html,最后访问时间:2022年11月10日。

🔩 裁判结果

法院认为，以被告人易某某、连某某为首的犯罪集团以非法占有为目的，采取虚构事实、隐瞒真相的方法，骗取他人财物，数额特别巨大，其行为均已构成诈骗罪。易某某、连某某还多次组织他人偷越国境，并偷越国境，其行为又构成组织他人偷越国境罪、偷越国境罪。易某某、连某某系诈骗集团首要分子，按照集团所犯的全部罪行处罚。被告人林某某、闫某、伏某某、秦某、黄某某、易某某1等人是诈骗集团的骨干分子，系主犯，按照其所参与的或组织指挥的全部犯罪处罚。根据各被告人的犯罪事实、犯罪性质、情节和社会危害程度，以诈骗罪、组织他人偷越国境罪、偷越国境罪判处被告人易某某无期徒刑，剥夺政治权利终身，并处没收个人全部财产。以诈骗罪、组织他人偷越国境罪、偷越国境罪判处被告人连某某有期徒刑16年，并处罚金人民币58万元；以诈骗罪、偷越国境罪等判处被告人林某某等主犯13年2个月至10年2个月不等有期徒刑，并处罚金。

💡 专家评析

在互联网技术的时代背景下，电信网络诈骗犯罪案件多是共同犯罪。实践中，一些电信网络诈骗分子结伙实施犯罪，长期设置固定窝点，有明显的组织指挥者，骨干成员固定，结构严密，层级分明，各个环节分工明确，各司其职。电信网络诈骗犯罪的涉案人员在共同犯罪中的地位作用、行为的危害程度、主观恶性和人身危险性等方面有一定区别。

因此，在电信网络诈骗中，行为人的身份判断极为重要，需要根据其行为以及在电信网络诈骗中发挥的作用来确认其在共同犯罪中属主犯还是从犯，以实现罪责刑相适应。《指引》和《意见》中均对主犯和从犯的认定作出了相关规定，以帮助司法适用，科学量刑，确保罚当其罪。

二

吴某某等5人诈骗案[1]

案情简介

2020年10月，被告人吴某某为非法牟利，伙同吴某某1在抖音上私信被害人，在得知被害人系未成年人后，假称被害人中奖并要求添加QQ好友领奖，之后向被害人发送虚假的中奖转账截图，让被害人误认为已转账。当被害人反馈未收到转账时，吴某某等便要求被害人使用家长的手机，按其要求输入代码才能收到转账，诱骗被害人向其提供的银行卡或支付宝、微信账户转账、发红包，骗取被害人钱财。被告人邱某某、李某某、吕某某按照吴某某的安排，为吴某某提供银行卡、支付宝、微信账户，帮助收款、转款，并按照诈骗金额分成。2020年10月至2021年1月期间，吴某某等人共计骗取5名被害人（10周岁至11周岁之间）的钱财6万余元。

案件焦点

针对残疾人、老年人、未成年人等特殊群体实施电信网络诈骗，酌情从重处罚。

裁判结果

法院认为，被告人吴某某、吴某某1以非法占有为目的，利用电信网络技术手段，虚构事实，骗取他人财物；被告人邱某某、李某某、吕某某明知他人实施电信网络犯罪，帮助接收、转移诈骗犯罪所得，5被告人的行为均已构成诈骗罪。被告人吴某某在共同犯罪中系主犯。吴某某等人对未成年人实施诈骗，酌情从重处罚。根据各被告人的犯罪事实、犯罪性质、情节和社会危害程度，以诈骗罪判处被告人吴某某有期徒刑3年6个月，并处罚金人民币35000元；

---

[1] "人民法院依法惩治电信网络诈骗犯罪及其关联犯罪典型案例"，载最高人民法院官网 https://www.court.gov.cn/zixun-xiangqing-371131.html，最后访问时间：2022年11月10日。

以诈骗罪判处被告人吴某某1等人2年4个月有期徒刑至3个月拘役，并处罚金。

专家评析

电信网络诈骗形式多样，并逐步形成了针对特殊群体的诈骗类型，这类群体往往是互联网弱势群体，如涉世未深的未成年人、缺乏辨别能力的老年人等。本案的受骗对象为未成年人，犯罪人利用未成年人涉世未深、社会经验欠缺、容易轻信对方、易受威胁等特点实施诈骗，严重侵害未成年人合法权益，犯罪情节恶劣。

针对此类特殊群体的诈骗，有关部门已根据电信网络诈骗受害群体的分布等特征，加强对老年人、青少年等群体的宣传教育，进行针对性的宣传教育，增强反诈意识。而在司法层面，司法机关也积极做出响应，设置酌情从重规定，前端防范和责任落实相结合。《意见》明确指出，诈骗残疾人、老年人、未成年人、在校学生、丧失劳动能力人的财物，或者诈骗重病患者及其亲属财物的，酌情从重处罚。《意见（二）》也再次强调利用未成年人、在校学生、老年人、残疾人实施电信网络诈骗的，依法从严惩处。

三

黄某等3人诈骗案[①]

案情简介

被告人黄某、刘某某、许某在某市成立"××电子商务有限公司"，招聘业务员从事诈骗犯罪活动。3人分工配合共同完成诈骗，并按诈骗金额比例提成，同时还发展"代理公司"，提供诈骗话术、培训诈骗方法、提供各种技术支持和资金结算服务，并从"代理公司"诈骗金额中提成。该公司由业务员冒充美女主播等身份，按照统一的诈骗话术在网络社交平台诱骗被害人交友聊天，谎

[①] "人民法院依法惩治电信网络诈骗犯罪及其关联犯罪典型案例"，载最高人民法院官网 https://www.court.gov.cn/zixun-xiangqing-371131.html，最后访问时间：2022年11月10日。

称送礼物得知被害人收货地址后，制造虚假发货信息以诱骗被害人在黄某管理的微店购买商品回送业务员，微店收款后安排邮寄假名牌低价物品给被害人博取信任。之后，业务员再将被害人信息推送至刘某某等人负责的直播平台，按诈骗话术以直播打赏PK为由，诱骗被害人在直播平台充值打赏。2020年4月至9月，黄某和刘某某诈骗涉案金额365.2万元，许某诈骗涉案金额454.2万元。审判阶段许某退缴赃款8.1万余元。

案件焦点

1. 电信网络诈骗的手法持续演变升级，犯罪分子紧跟社会热点，随时变化诈骗手法和"话术"。

2. 积极退缴赃款的，依法予以从轻处罚。

裁判结果

法院认为，被告人黄某、刘某某、许某以非法占有为目的，伙同他人利用电信网络实施诈骗，数额特别巨大，其行为均已构成诈骗罪。在共同犯罪中，黄某、刘某某、许某均系主犯。许某自愿认罪认罚，积极退缴赃款，依法予以从轻处罚。根据各被告人的犯罪事实、犯罪性质、情节和对社会的危害程度，以诈骗罪分别判处被告人黄某、刘某某有期徒刑12年，并处罚金人民币18万元；以诈骗罪判处被告人许某有期徒刑11年6个月，并处罚金人民币15万元。

专家评析

电信网络诈骗呈现出与时俱进的特点，诈骗手法不断翻新，并与社会热点紧密结合，从冒充淘宝客服到冒充外卖平台，不断发展出新型诈骗类型，让人防不胜防。同时，在本案中，体现了宽严相济的刑事政策，对于积极退缴赃款的，可以依法予以从轻处罚，是灵活运用刑罚调整功能的体现。被告人积极退赃退赔，及时返还被害人，最大限度挽回被害群众的经济损失，具有良好的法律效果和社会效果。

四

邓某某等6人诈骗、侵犯公民个人信息案[①]

▶ 案情简介

2018年5、6月份，被告人邓某某、林某某共谋采用"猜猜我是谁"的方式骗取他人钱财。二人共同出资，邓某某购买手机、电话卡等作案工具，纠集被告人陈某、张某某等人，利用邓某某购买的涉及姓名、电话、住址等内容的公民个人信息，拨打诈骗电话，让被害人猜测自己的身份，当被害人误以为系自己的某个熟人后，被告人即冒充该熟人身份，编造理由让被害人转账。2018年6月至8月，邓某某等人采用此种方式大量拨打诈骗电话，骗取被害人罗某某等5人共计39.2万元。案发后，从邓某某处查获其购买的公民个人信息39482条。

◎ 案件焦点

使用非法获取的公民个人信息实施电信网络诈骗犯罪，构成数罪的，应依法数罪并罚。

◎ 裁判结果

法院认为，被告人邓某某、林某某等人以非法占有为目的，虚构事实，隐瞒真相，采用冒充熟人拨打电话的手段骗取他人财物，其行为均已构成诈骗罪；被告人邓某某非法获取公民个人信息，情节严重，其行为还构成侵犯公民个人信息罪，依法应当数罪并罚。在共同犯罪中，邓某某、林某某等人均系主犯。根据各被告人的犯罪事实、犯罪性质、情节和社会危害程度，以诈骗罪、侵犯公民个人信息罪判处被告人邓某某有期徒刑9年6个月，并处罚金人民币65000元；以诈骗罪判处被告人林某某等人7年至2年不等有期徒刑，并处罚金。

---

① "人民法院依法惩治电信网络诈骗犯罪及其关联犯罪典型案例"，载最高人民法院官网 https：//www.court.gov.cn/zixun-xiangqing-371131.html，最后访问时间：2022年11月10日。

专家评析

根据《新形势下电信网络诈骗治理研究报告（2020年）》，个人信息泄露已经成为电信网络精准诈骗成功的重要因素，非法获取公民个人信息往往是实施电信网络诈骗的前置手段。可以说，个人信息与电信网络诈骗密不可分。侵犯公民个人信息罪往往是电信网络诈骗的上游关联犯罪，二者合流使电信网络诈骗犯罪更易得逞，社会危害性更重。

《意见》对关联犯罪的罪数问题作出规定，其中对侵犯公民个人信息罪明确指出：违反国家有关规定，向他人出售或者提供公民个人信息，窃取或者以其他方法非法获取公民个人信息，符合《刑法》第253条之一规定的，以侵犯公民个人信息罪追究刑事责任。使用非法获取的公民个人信息，实施电信网络诈骗犯罪行为，构成数罪的，应当依法予以并罚。

五

隆某某帮助信息网络犯罪活动案[①]

案情简介

2021年4月，被告人隆某某通过微信与他人联系，明知对方系用于实施信息网络犯罪，仍商定以每张每月100元的价格将自己的银行卡出租给对方使用。之后，隆某某将其办理的9张银行卡的账号、密码等信息提供给对方，其中6张银行卡被对方用于接收电信网络诈骗等犯罪资金，隆某某获利共计5000余元。

案件焦点

"两卡"（信用卡、电话卡）犯罪及自首的认定。

裁判结果

法院认为，被告人隆某某明知他人利用信息网络实施犯罪，为他人提供帮

[①] "人民法院依法惩治电信网络诈骗犯罪及其关联犯罪典型案例"，载最高人民法院官网 https：//www.court.gov.cn/zixun-xiangqing-371131.html，最后访问时间：2022年11月10日。

助,其行为已构成帮助信息网络犯罪活动罪。隆某某经公安人员电话通知到案,如实供述自己的罪行,构成自首,且自愿认罪认罚并积极退赃,依法予以从轻处罚。根据被告人的犯罪事实、犯罪性质、情节和社会危害程度,以帮助信息网络犯罪活动罪判处被告人隆某某有期徒刑1年10个月,并处罚金人民币4000元。

专家评析

同个人信息一样,大量"两卡"被用于犯罪,是电信网络诈骗犯罪持续高发、多发的重要推手之一。当前,手机卡是犯罪分子实施电信网络诈骗犯罪的重要工具。随着网络实名制要求的落实,办理银行卡、注册网络账号等基本都需要绑定实名制手机卡。司法实践中,犯罪分子为逃避打击,往往非法收购他人手机卡来实施电信网络诈骗,绕过实名制监管要求,成为网络黑灰产业链条上的重要一环。加强对电信网络诈骗犯罪的源头治理,必须依法打击涉"两卡"犯罪。

《意见(二)》对此作出了规定,为他人利用信息网络实施犯罪而收购、出售、出租信用卡(银行账户、非银行支付账户、具有支付结算功能的互联网账号密码、网络支付接口、网上银行数字证书)5张(个)以上,或者手机卡(流量卡、物联网卡)20张以上的,以帮助信息网络犯罪活动罪追究刑事责任。

六

薛某帮助信息网络犯罪活动案[①]

案情简介

2020年9月初,被告人薛某从淘宝上以13000元的价格购买了一套"多卡宝"设备,并通过其亲朋办理或购买电话卡26张。后薛某通过聊天软件联系他人租用"多卡宝"设备,并约定租金和支付渠道。2020年9月8日至11日,薛某先后在某市甲区、乙区等地架设"多卡宝"设备供他人拨打网络电话,非

[①] "人民法院依法惩治电信网络诈骗犯罪及其关联犯罪典型案例",载最高人民法院官网https://www.court.gov.cn/zixun-xiangqing-371131.html,最后访问时间:2022年11月10日。

法获利 28310 元。不法分子利用薛某架设的"多卡宝"设备，实施电信网络诈骗犯罪 6 起，诈骗财物共计 16 万余元。

案件焦点

打击电信网络诈骗犯罪，必须依法惩处其上下游关联犯罪，斩断电信网络诈骗犯罪的帮助链条，铲除其赖以滋生的土壤，实现打击治理同步推进。

裁判结果

法院认为，被告人薛某明知他人利用信息网络实施犯罪，为他人犯罪提供通讯传输等技术支持和帮助，情节严重，其行为已构成帮助信息网络犯罪活动罪。薛某到案后自愿认罪认罚，并退赔全部违法所得，依法予以从轻处罚。根据被告人的犯罪事实、犯罪性质、情节和社会危害程度，以帮助信息网络犯罪活动罪判处被告人薛某有期徒刑 9 个月，并处罚金人民币 5000 元。

专家评析

《关于加强打击治理电信网络诈骗违法犯罪工作的意见》明确指出，要依法严厉打击电信网络诈骗违法犯罪，坚持全链条纵深打击，依法打击电信网络诈骗以及上下游关联违法犯罪。电信网络诈骗犯罪发展迅猛，与互联网时代技术背景以及网络灰黑产业链的发展有着重要原因。这些网络黑灰产业链从事多种促成电信网络诈骗的行为，如非法获取、出售或者提供公民个人信息，非法生产、销售、使用"伪基站""黑广播"，非法设立诈骗网站、通讯群组、发布诈骗信息或者其他违法犯罪信息等。这些行为使得电信网络诈骗犯罪更易实施，是电信网络诈骗犯罪的源头。因此，必须从源头上根治灰黑产业链，打击为电信网络诈骗提供支撑的上下游关联违法犯罪，从根本上铲除电信网络犯罪得以滋生的温床。

《意见》第三部分规定了"全面惩处关联犯罪"，对多种关联犯罪的认定作出了规定，并确认了关联犯罪行为与电信网络诈骗构成共同犯罪的认定原则，规定实施关联犯罪行为，同时又构成诈骗罪时的定罪量刑原则，根据电信网络诈骗犯罪与关联犯罪行为的不同情况，分别设定了从一重处断的原则和数罪并罚的原则。

七

陈某某等 7 人诈骗、侵犯公民个人信息案[①]

案情简介

2015 年 11 月至 2016 年 8 月，被告人陈某某、黄某某、陈某某 1、郑某某、熊某、郑某某 1、陈某某 2 等人交叉结伙，通过网络购买学生信息和公民购房信息，分别在江西省 A 市、B 市、广西壮族自治区 C 市、海南省 D 市等地租赁房屋作为诈骗场所，分别冒充教育局、财政局、房产局的工作人员，以发放贫困学生助学金、购房补贴为名，将高考学生作为主要诈骗对象，拨打诈骗电话 2.3 万余次，骗取他人钱款共计 56 万余元，并造成被害人徐某某死亡。

案件焦点

实施电信网络诈骗过程中冒充国家机关工作人员，骗取在校学生钱款，并造成被害人死亡的，是否需要酌情从重处罚。

裁判结果

法院认为，被告人陈某某等人以非法占有为目的，结成电信诈骗犯罪团伙，冒充国家机关工作人员，虚构事实，拨打电话骗取他人钱款，其行为均构成诈骗罪。陈某某还以非法方法获取公民个人信息，其行为又构成侵犯公民个人信息罪。陈某某在江西省 A 市、B 市的诈骗犯罪中起组织、指挥作用，系主犯。陈某某冒充国家机关工作人员，骗取在校学生钱款，并造成被害人徐某某死亡，酌情从重处罚。据此，以诈骗罪、侵犯公民个人信息罪判处被告人陈某某无期徒刑，剥夺政治权利终身，并处没收个人全部财产；以诈骗罪判处被告人郑某某、黄某某等人 15 年至 3 年不等有期徒刑。

[①] 载中国法院网 https://www.chinacourt.org/article/detail/2019/11/id/4644078.shtml，最后访问时间：2022 年 11 月 10 日。

💡 专家评析

《意见》第二部分"依法严惩电信网络诈骗犯罪"采用明示列举的方式规定了十种从重处罚情节，系对司法实践中存在的突出共性问题的总结，体现了对电信网络诈骗的从严惩处，并增强了司法层面的可操作性。其中就包括造成被害人或其近亲属自杀、死亡或者精神失常等严重后果的和冒充司法机关等国家机关工作人员实施诈骗的以及诈骗残疾人、老年人、未成年人、在校学生、丧失劳动能力人的财物，或者诈骗重病患者及其亲属财物的。

八

朱某等人诈骗案[①]

▶ 案情简介

2013年5月，被告人朱某出资组建某现货交易平台，纠集和聘用被告人艾某、陈某、姚某某加入，与代理商勾结，先以可提供所谓的内幕交易信息为由，诱骗客户进入电子商务平台进行交易，后通过指令操盘手，采用抛单卖出或用虚拟资金购进产品的手段，控制产品大盘行情向客户期望走势相反的方向发展，通过虚假的产品行情变化，达到使被诱骗加入平台交易的客户亏损的目的。朱某等人有时也刻意在客户小额投资后，促其盈利，以骗其投入大额资金，牟取大额客损。2013年9月至2014年2月期间，朱某、艾某、陈某、姚某某通过上述以虚拟资金操控交易平台的手段，共骗取客户资金215万余元。按照事先与代理商约定的比例计算，朱某、艾某、陈某、姚某某从中获得诈骗资金约75万元。

◎ 案件焦点

借助电子商务平台进行虚假内幕信息交易，以达到非法占有他人财物的目的，是否符合诈骗罪特征。

[①] 载中国法院网 https://www.chinacourt.org/article/detail/2019/11/id/4644119.shtml，最后访问时间：2022年11月10日。

裁判结果

法院认为，被告人朱某以非法占有为目的，纠集和聘用被告人艾某、陈某、姚某某，利用电子商务平台，操纵农产品行情诱骗客户交易，从客损中获利，数额特别巨大，其行为均已构成诈骗罪。在共同犯罪中，朱某纠集人员参与犯罪，发起、组织和统筹运作交易活动，艾某通过给操盘手下达指令控制平台虚拟行情走势，实施欺诈行为，均系主犯。据此，以诈骗罪判处被告人朱某有期徒刑14年，以诈骗罪判处被告人艾某、陈某、姚某某11年至4年不等有期徒刑，并处10万元至6万元不等罚金。

专家评析

借助互联网技术，电信网络诈骗的犯罪手法日益隐蔽，且不断发展出新花样。本案中，被告人先成立网上交易平台，利用业务员及代理商吸收客户，以提供虚假内幕交易信息为由，骗取客户进入平台交易，当客户高价买入相关农产品后，再指令操盘手运作人为造成跌势，迫使客户低价卖出，以牟取大额客损。此种新型网络诈骗犯罪手段更加隐蔽，迷惑性强，容易使人上当受骗。

在对被告人的行为进行判断时，需把握其行为本质。虽然被告人是借助电子商务平台进行交易，但其行为本质仍在于虚构事实、隐瞒真相，以达到非法占有他人财物的目的，其行为完全符合诈骗罪特征。

九

林某、胡某某诈骗案[①]

案情简介

2015年10月18日至21日，被告人林某、胡某某和杨某某（另案处理）经事先共谋，由杨某某提供"伪基站"并事先编辑好诈骗短信，指使被告人林

---

① 载中国法院网 https://www.chinacourt.org/article/detail/2016/09/id/2257553.shtml，最后访问时间：2022年11月10日。

某、胡某某在福州市A区、B区、C区、某县某镇等地使用"伪基站"，屏蔽干扰以该"伪基站"为中心一定范围内的通讯运营商信号，搜取屏蔽范围内用户手机卡信息，冒充"95×××、10×××、955××"等相关客服号码向手机用户发送虚假短信30801条，企图骗取手机用户的信任，点击短信中的钓鱼网站、填写相关银行账户信息，以达到骗取手机用户钱款的目的。

案件焦点

电信诈骗数额难以查证时如何认定诈骗罪构成。

裁判结果

法院认为，被告人林某、胡某某以非法占有为目的，伙同他人利用电信技术手段发送虚假短信，对不特定多数人实施诈骗，情节严重，其行为已构成诈骗罪。被告人林某、胡某某已经着手实行犯罪，由于意志以外的原因而未得逞，是犯罪未遂，可以比照既遂犯从轻处罚。被告人林某、胡某某如实供述自己的罪行，是坦白，可以从轻处罚。据此，依法以诈骗罪分别对被告人林某、胡某某判处有期徒刑3年7个月，并处罚金人民币5000元。

专家评析

在电信网络诈骗案件中，诈骗数额的认定一直是困扰司法工作的工作难题。原因在于，电信网络诈骗的"点对面"特点使得不仅往往受害人众多，且多为跨地域分布，甚至能够涉及多个省份，达到数千人，也使得难以找到所有的被害人，或不同地域的受害人分区报案难以合并取证办案，最终导致在犯罪数额的认定方面存在较大困难。

为解决此问题，贯彻最大限度惩治电信网络诈骗犯罪的原则，《意见》对诈骗数额的认定作出了一些"结合认定"的规定，以实现对电信网络诈骗的打击。同时，对于数额无法查证的情形也作出了相应的规定，即采取了数额标准和数量标准并行的方式，既可根据诈骗数额，也可根据其实际拨打诈骗电话、发送诈骗信息的数量来定罪量刑，确保准确、全面、客观地反映犯罪分子的罪行，实现罪责刑相适应。

十

董某等 73 人虚拟货币诈骗案[①]

案情简介

2018年7月至案发，武汉甲科技有限公司（内部代号"××宫"）陆续成立了代号"××堂""××派"等分公司（统称为"××部"），"××部"内设庄主、组长、组员。被告人董某负责"××宫"日常经营管理工作。"××部"组员根据被害人损失金额获得提成，组长、庄主按照所在小组、银庄部业绩获取提成。A交易平台系该公司引进的合作经营项目。该平台以USDT币（又称"泰达"币）结算，被害人需在该平台购买或将已持有的USDT币，兑换并投资该平台专有的C86等虚拟货币的涨跌，平台通过控制后台数据操控平台专有虚拟货币价格的涨跌实施诈骗。

"××部"组员冒充"炒币玩家"随机添加有投资意向的被害人为微信好友，利用话术与被害人交流并发送经人为修改的A平台虚假盈利截图，利诱被害人到该平台充值、投资。被害人被组员拉入该公司创建的微信群组后，由组长或庄主在微信群组内冒充"炒币老师"，利用公司内部通知的平台专有虚拟货币价格上涨信息，指导被害人购买该种类虚拟货币，让被害人获得小额盈利，以骗取被害人信任。被害人追加投资后，"炒币老师"通过微信单独联系被害人，将公司提前通知的专有虚拟货币价格下跌信息虚构成上涨信息，诱骗被害人大量购买该特定币种，通过人为控制后台数据操纵该币种价格下跌，造成被害人财产损失。2019年1月1日至4月30日，该公司实际骗取他人财物约合人民币1894万余元。

案件焦点

行为人打着"金融创新""区块链"的旗号，通过发行所谓"虚拟货币""虚拟资产"等方式，骗取钱财的，宜认定为诈骗罪。

[①] 载河南省高级人民法院官网 http://www.hncourt.gov.cn/public/detail.php?id=191077，最后访问时间：2022年11月10日。

裁判结果

法院认为，被告人董某等人伙同他人，以非法占有为目的，采取虚构事实、隐瞒真相等手段，骗取他人钱财，其行为均已构成诈骗罪。被告人董某在共同犯罪中系主犯；被告人丁某等 72 人在共同犯罪中均系从犯。据此，以诈骗罪判处被告人董某有期徒刑 12 年，并处罚金人民币 100 万元；以诈骗罪判处被告人丁某、倪某某等 70 人 6 年 6 个月至 9 个月不等有期徒刑；以诈骗罪分别判处被告人毛某、陈某某罚金人民币 5000 元。

专家评析

随着区块链、虚拟货币的火热，与之相关的犯罪活动也愈演愈烈，已成为电信网络诈骗的多发类型。本案是虚拟货币诈骗的典型案例。不法分子打着"金融创新""区块链"的旗号，通过发行所谓"虚拟货币""虚拟资产"等方式，骗取钱财。

2021 年 9 月 15 日，中国人民银行等部门下发的《关于进一步防范和处置虚拟货币交易炒作风险的通知》中明确指出，虚拟货币不具有与法定货币等同的法律地位，不具有法偿性，不应且不能作为货币在市场上流通使用；虚拟货币相关业务活动属于非法金融活动。同时，还有不法分子利用泰达币（USDT）等虚拟货币实施洗钱犯罪，社会危害性大。广大群众应认清虚拟货币不具有与法定货币等同的法律地位的本质，谨防不法分子打着虚拟货币的幌子实施诈骗、洗钱等违法犯罪活动。同时，增强风险意识，树立正确的投资观念，避免陷入虚拟货币投资骗局。

第六章

相关法律规范

中华人民共和国反电信网络诈骗法

（2022年9月2日第十三届全国人民代表大会常务委员会第三十六次会议通过　2022年9月2日中华人民共和国主席令第119号公布　自2022年12月1日起施行）

第一章　总　　则

第一条　【立法目的】*为了预防、遏制和惩治电信网络诈骗活动，加强反电信网络诈骗工作，保护公民和组织的合法权益，维护社会稳定和国家安全，根据宪法，制定本法。

第二条　【基本含义】本法所称电信网络诈骗，是指以非法占有为目的，利用电信网络技术手段，通过远程、非接触等方式，诈骗公私财物的行为。

第三条　【适用范围】打击治理在中华人民共和国境内实施的电信网络诈骗活动或者中华人民共和国公民在境外实施的电信网络诈骗活动，适用本法。

境外的组织、个人针对中华人民共和国境内实施电信网络诈骗活动的，或者为他人针对境内实施电信网络诈骗活动提供产品、服务等帮助的，依照本法有关规定处理和追究责任。

第四条　【基本原则】反电信网络诈骗工作坚持以人民为中心，统筹发展和安全；坚持系统观念、法治思维，注重源头治理、综合治理；坚持齐抓共管、群防群治，全面落实打防管控各项措施，加强社会宣传教育防范；坚持精准防治，保障正常生产经营活动和群众生活便利。

第五条　【保密义务】反电信网络诈骗工作应当依法进行，维护公民和组织的合法权益。

有关部门和单位、个人应当对在反电信网络诈骗工作过程中知悉的国家秘密、商业秘密和个人隐私、个人信息予以保密。

第六条　【反电信网络诈骗工作机制】国务院建立反电信网络诈骗工作机制，

---

* 除法律文件公布时自带条文主旨及其他特殊说明情形外，条文主旨为编者所加，全书同。

统筹协调打击治理工作。

地方各级人民政府组织领导本行政区域内反电信网络诈骗工作，确定反电信网络诈骗目标任务和工作机制，开展综合治理。

公安机关牵头负责反电信网络诈骗工作，金融、电信、网信、市场监管等有关部门依照职责履行监管主体责任，负责本行业领域反电信网络诈骗工作。

人民法院、人民检察院发挥审判、检察职能作用，依法防范、惩治电信网络诈骗活动。

电信业务经营者、银行业金融机构、非银行支付机构、互联网服务提供者承担风险防控责任，建立反电信网络诈骗内部控制机制和安全责任制度，加强新业务涉诈风险安全评估。

第七条　【部门协同配合】有关部门、单位在反电信网络诈骗工作中应当密切协作，实现跨行业、跨地域协同配合、快速联动，加强专业队伍建设，有效打击治理电信网络诈骗活动。

第八条　【宣传教育】各级人民政府和有关部门应当加强反电信网络诈骗宣传，普及相关法律和知识，提高公众对各类电信网络诈骗方式的防骗意识和识骗能力。

教育行政、市场监管、民政等有关部门和村民委员会、居民委员会，应当结合电信网络诈骗受害群体的分布等特征，加强对老年人、青少年等群体的宣传教育，增强反电信网络诈骗宣传教育的针对性、精准性，开展反电信网络诈骗宣传教育进学校、进企业、进社区、进农村、进家庭等活动。

各单位应当加强内部防范电信网络诈骗工作，对工作人员开展防范电信网络诈骗教育；个人应当加强电信网络诈骗防范意识。单位、个人应当协助、配合有关部门依照本法规定开展反电信网络诈骗工作。

第二章　电信治理

第九条　【真实身份信息登记制度】电信业务经营者应当依法全面落实电话用户真实身份信息登记制度。

基础电信企业和移动通信转售企业应当承担对代理商落实电话用户实名制管理责任，在协议中明确代理商实名制登记的责任和有关违约处置措施。

第十条　【办理电话卡数量限制】办理电话卡不得超出国家有关规定限制的数量。

对经识别存在异常办卡情形的，电信业务经营者有权加强核查或者拒绝办卡。具体识别办法由国务院电信主管部门制定。

国务院电信主管部门组织建立电话用户开卡数量核验机制和风险信息共享机制，并为用户查询名下电话卡信息提供便捷渠道。

第十一条　【电话卡实名核验】电信业务经营者对监测识别的涉诈异常电话卡用户应当重新进行实名核验，根据风险等级采取有区别的、相应的核验措施。对未按规定核验或者核验未通过的，电信业务经营者可以限制、暂停有关电话卡功能。

第十二条　【物联网卡用户风险评估】电信业务经营者建立物联网卡用户风险评估制度，评估未通过的，不得向其销售物联网卡；严格登记物联网卡用户身份信息；采取有效技术措施限定物联网卡开通功能、使用场景和适用设备。

单位用户从电信业务经营者购买物联网卡再将载有物联网卡的设备销售给其他用户的，应当核验和登记用户身份信息，并将销量、存量及用户实名信息传送给号码归属的电信业务经营者。

电信业务经营者对物联网卡的使用建立监测预警机制。对存在异常使用情形的，应当采取暂停服务、重新核验身份和使用场景或者其他合同约定的处置措施。

第十三条　【主叫号码传送和电信线路出租】电信业务经营者应当规范真实主叫号码传送和电信线路出租，对改号电话进行封堵拦截和溯源核查。

电信业务经营者应当严格规范国际通信业务出入口局主叫号码传送，真实、准确向用户提示来电号码所属国家或者地区，对网内和网间虚假主叫、不规范主叫进行识别、拦截。

第十四条　【禁止非法制造、买卖、提供或者使用非法设备、软件】任何单位和个人不得非法制造、买卖、提供或者使用下列设备、软件：

（一）电话卡批量插入设备；

（二）具有改变主叫号码、虚拟拨号、互联网电话违规接入公用电信网络等功能的设备、软件；

（三）批量账号、网络地址自动切换系统，批量接收提供短信验证、语音验证的平台；

（四）其他用于实施电信网络诈骗等违法犯罪的设备、软件。

电信业务经营者、互联网服务提供者应当采取技术措施，及时识别、阻断前款规定的非法设备、软件接入网络，并向公安机关和相关行业主管部门报告。

第三章　金融治理

第十五条　【银行业金融机构、非银行支付机构的风险管理措施】银行业金融机构、非银行支付机构为客户开立银行账户、支付账户及提供支付结算服务，和与客户业务关系存续期间，应当建立客户尽职调查制度，依法识别受益所有人，采取相应风险管理措施，防范银行账户、支付账户等被用于电信网络诈骗活动。

第十六条 【银行账户、支付账户数量限制】开立银行账户、支付账户不得超出国家有关规定限制的数量。

对经识别存在异常开户情形的，银行业金融机构、非银行支付机构有权加强核查或者拒绝开户。

中国人民银行、国务院银行业监督管理机构组织有关清算机构建立跨机构开户数量核验机制和风险信息共享机制，并为客户提供查询名下银行账户、支付账户的便捷渠道。银行业金融机构、非银行支付机构应当按照国家有关规定提供开户情况和有关风险信息。相关信息不得用于反电信网络诈骗以外的其他用途。

第十七条 【企业账户异常情形的风险防控机制】银行业金融机构、非银行支付机构应当建立开立企业账户异常情形的风险防控机制。金融、电信、市场监管、税务等有关部门建立开立企业账户相关信息共享查询系统，提供联网核查服务。

市场主体登记机关应当依法对企业实名登记履行身份信息核验职责；依照规定对登记事项进行监督检查，对可能存在虚假登记、涉诈异常的企业重点监督检查，依法撤销登记的，依照前款的规定及时共享信息；为银行业金融机构、非银行支付机构进行客户尽职调查和依法识别受益所有人提供便利。

第十八条 【对支付工具、支付服务加强异常监测】银行业金融机构、非银行支付机构应当对银行账户、支付账户及支付结算服务加强监测，建立完善符合电信网络诈骗活动特征的异常账户和可疑交易监测机制。

中国人民银行统筹建立跨银行业金融机构、非银行支付机构的反洗钱统一监测系统，会同国务院公安部门完善与电信网络诈骗犯罪资金流转特点相适应的反洗钱可疑交易报告制度。

对监测识别的异常账户和可疑交易，银行业金融机构、非银行支付机构应当根据风险情况，采取核实交易情况、重新核验身份、延迟支付结算、限制或者中止有关业务等必要的防范措施。

银行业金融机构、非银行支付机构依照第一款规定开展异常账户和可疑交易监测时，可以收集异常客户互联网协议地址、网卡地址、支付受理终端信息等必要的交易信息、设备位置信息。上述信息未经客户授权，不得用于反电信网络诈骗以外的其他用途。

第十九条 【保证交易信息真实、完整】银行业金融机构、非银行支付机构应当按照国家有关规定，完整、准确传输直接提供商品或者服务的商户名称、收付款客户名称及账号等交易信息，保证交易信息的真实、完整和支付全流程中的一致性。

第二十条 【电信网络诈骗涉案资金即时措施】国务院公安部门会同有关部门

建立完善电信网络诈骗涉案资金即时查询、紧急止付、快速冻结、及时解冻和资金返还制度，明确有关条件、程序和救济措施。

公安机关依法决定采取上述措施的，银行业金融机构、非银行支付机构应当予以配合。

第四章　互联网治理

第二十一条　【电信、互联网用户依法提供真实身份信息】电信业务经营者、互联网服务提供者为用户提供下列服务，在与用户签订协议或者确认提供服务时，应当依法要求用户提供真实身份信息，用户不提供真实身份信息的，不得提供服务：

（一）提供互联网接入服务；

（二）提供网络代理等网络地址转换服务；

（三）提供互联网域名注册、服务器托管、空间租用、云服务、内容分发服务；

（四）提供信息、软件发布服务，或者提供即时通讯、网络交易、网络游戏、网络直播发布、广告推广服务。

第二十二条　【涉诈异常账号的处置措施】互联网服务提供者对监测识别的涉诈异常账号应当重新核验，根据国家有关规定采取限制功能、暂停服务等处置措施。

互联网服务提供者应根据公安机关、电信主管部门要求，对涉案电话卡、涉诈异常电话卡所关联注册的有关互联网账号进行核验，根据风险情况，采取限期改正、限制功能、暂停使用、关闭账号、禁止重新注册等处置措施。

第二十三条　【互联网应用程序的设立】设立移动互联网应用程序应当按照国家有关规定向电信主管部门办理许可或者备案手续。

为应用程序提供封装、分发服务的，应当登记并核验应用程序开发运营者的真实身份信息，核验应用程序的功能、用途。

公安、电信、网信等部门和电信业务经营者、互联网服务提供者应当加强对分发平台以外途径下载传播的涉诈应用程序重点监测、及时处置。

第二十四条　【域名注册、解析信息、网址链接转换】提供域名解析、域名跳转、网址链接转换服务的，应当按照国家有关规定，核验域名注册、解析信息和互联网协议地址的真实性、准确性，规范域名跳转，记录并留存所提供相应服务的日志信息，支持实现对解析、跳转、转换记录的溯源。

第二十五条　【禁止为他人实施电信网络诈骗提供支持或者帮助】任何单位和个人不得为他人实施电信网络诈骗活动提供下列支持或者帮助：

(一) 出售、提供个人信息；

(二) 帮助他人通过虚拟货币交易等方式洗钱；

(三) 其他为电信网络诈骗活动提供支持或者帮助的行为。

电信业务经营者、互联网服务提供者应当依照国家有关规定，履行合理注意义务，对利用下列业务从事涉诈支持、帮助活动进行监测识别和处置：

(一) 提供互联网接入、服务器托管、网络存储、通讯传输、线路出租、域名解析等网络资源服务；

(二) 提供信息发布或者搜索、广告推广、引流推广等网络推广服务；

(三) 提供应用程序、网站等网络技术、产品的制作、维护服务；

(四) 提供支付结算服务。

第二十六条 【互联网服务提供者协助调查证据义务】公安机关办理电信网络诈骗案件依法调取证据的，互联网服务提供者应当及时提供技术支持和协助。

互联网服务提供者依照本法规定对有关涉诈信息、活动进行监测时，发现涉诈违法犯罪线索、风险信息的，应当依照国家有关规定，根据涉诈风险类型、程度情况移送公安、金融、电信、网信等部门。有关部门应当建立完善反馈机制，将相关情况及时告知移送单位。

第五章 综合措施

第二十七条 【公安机关打击治理电信网络诈骗工作机制】公安机关应当建立完善打击治理电信网络诈骗工作机制，加强专门队伍和专业技术建设，各警种、各地公安机关应当密切配合，依法有效惩处电信网络诈骗活动。

公安机关接到电信网络诈骗活动的报案或者发现电信网络诈骗活动，应当依照《中华人民共和国刑事诉讼法》的规定立案侦查。

第二十八条 【对落实本法规定的监督检查】金融、电信、网信部门依照职责对银行业金融机构、非银行支付机构、电信业务经营者、互联网服务提供者落实本法规定情况进行监督检查。有关监督检查活动应当依法规范开展。

第二十九条 【个人信息被用于电信网络诈骗的防范机制】个人信息处理者应当依照《中华人民共和国个人信息保护法》等法律规定，规范个人信息处理，加强个人信息保护，建立个人信息被用于电信网络诈骗的防范机制。

履行个人信息保护职责的部门、单位对可能被电信网络诈骗利用的物流信息、交易信息、贷款信息、医疗信息、婚介信息等实施重点保护。公安机关办理电信网络诈骗案件，应当同时查证犯罪所利用的个人信息来源，依法追究相关人员和单位责任。

第三十条 【反电信网络诈骗宣传】电信业务经营者、银行业金融机构、非银行支付机构、互联网服务提供者应当对从业人员和用户开展反电信网络诈骗宣传，在有关业务活动中对防范电信网络诈骗作出提示，对本领域新出现的电信网络诈骗手段及时向用户作出提醒，对非法买卖、出租、出借本人有关卡、账户、账号等被用于电信网络诈骗的法律责任作出警示。

新闻、广播、电视、文化、互联网信息服务等单位，应当面向社会有针对性地开展反电信网络诈骗宣传教育。

任何单位和个人有权举报电信网络诈骗活动，有关部门应当依法及时处理，对提供有效信息的举报人依照规定给予奖励和保护。

第三十一条 【禁止非法买卖、出租、出借电话卡等】任何单位和个人不得非法买卖、出租、出借电话卡、物联网卡、电信线路、短信端口、银行账户、支付账户、互联网账号等，不得提供实名核验帮助；不得假冒他人身份或者虚构代理关系开立上述卡、账户、账号等。

对经设区的市级以上公安机关认定的实施前款行为的单位、个人和相关组织者，以及因从事电信网络诈骗活动或者关联犯罪受过刑事处罚的人员，可以按照国家有关规定记入信用记录，采取限制其有关卡、账户、账号等功能和停止非柜面业务、暂停新业务、限制入网等措施。对上述认定和措施有异议的，可以提出申诉，有关部门应当建立健全申诉渠道、信用修复和救济制度。具体办法由国务院公安部门会同有关主管部门规定。

第三十二条 【电信网络诈骗技术反制措施的研究开发】国家支持电信业务经营者、银行业金融机构、非银行支付机构、互联网服务提供者研究开发有关电信网络诈骗反制技术，用于监测识别、动态封堵和处置涉诈异常信息、活动。

国务院公安部门、金融管理部门、电信主管部门和国家网信部门等应当统筹负责本行业领域反制技术措施建设，推进涉电信网络诈骗样本信息数据共享，加强涉诈用户信息交叉核验，建立有关涉诈异常信息、活动的监测识别、动态封堵和处置机制。

依据本法第十一条、第十二条、第十八条、第二十二条和前款规定，对涉诈异常情形采取限制、暂停服务等处置措施的，应当告知处置原因、救济渠道及需要交的资料等事项，被处置对象可以向作出决定或者采取措施的部门、单位提出申诉。作出决定的部门、单位应当建立完善申诉渠道，及时受理申诉并核查，核查通过的，应当即时解除有关措施。

第三十三条 【网络身份认证公共服务建设】国家推进网络身份认证公共服务建设，支持个人、企业自愿使用，电信业务经营者、银行业金融机构、非银行支付机构、互联网服务提供者对存在涉诈异常的电话卡、银行账户、支付账户、互联网账号，可以通过国家网络身份认证公共服务对用户身份重新进行核验。

第三十四条 【组织建立预警劝阻系统】公安机关应当会同金融、电信、网信部门组织银行业金融机构、非银行支付机构、电信业务经营者、互联网服务提供者等建立预警劝阻系统，对预警发现的潜在被害人，根据情况及时采取相应劝阻措施。对电信网络诈骗案件应当加强追赃挽损，完善涉案资金处置制度，及时返还被害人的合法财产。对遭受重大生活困难的被害人，符合国家有关救助条件的，有关方面依照规定给予救助。

第三十五条 【特定地区的风险防范措施】经国务院反电信网络诈骗工作机制决定或者批准，公安、金融、电信等部门对电信网络诈骗活动严重的特定地区，可以依照国家有关规定采取必要的临时风险防范措施。

第三十六条 【重大涉诈嫌疑人员的出境限制】对前往电信网络诈骗活动严重地区的人员，出境活动存在重大涉电信网络诈骗活动嫌疑的，移民管理机构可以决定不准其出境。

因从事电信网络诈骗活动受过刑事处罚的人员，设区的市级以上公安机关可以根据犯罪情况和预防再犯罪的需要，决定自处罚完毕之日起六个月至三年以内不准其出境，并通知移民管理机构执行。

第三十七条 【跨境电信网络诈骗犯罪打击治理】国务院公安部门等会同外交部门加强国际执法司法合作，与有关国家、地区、国际组织建立有效合作机制，通过开展国际警务合作等方式，提升在信息交流、调查取证、侦查抓捕、追赃挽损等方面的合作水平，有效打击遏制跨境电信网络诈骗活动。

第六章 法律责任

第三十八条 【组织、策划、实施、参与电信网络诈骗活动或者为电信网络诈骗活动提供帮助的法律责任】组织、策划、实施、参与电信网络诈骗活动或者为电信网络诈骗活动提供帮助，构成犯罪的，依法追究刑事责任。

前款行为尚不构成犯罪的，由公安机关处十日以上十五日以下拘留；没收违法所得，处违法所得一倍以上十倍以下罚款，没有违法所得或者违法所得不足一万元的，处十万元以下罚款。

第三十九条 【电信业务经营者的法律责任】电信业务经营者违反本法规定，有下列情形之一的，由有关主管部门责令改正，情节较轻的，给予警告、通报批评，或者处五万元以上五十万元以下罚款；情节严重的，处五十万元以上五百万元以下罚款，并可以由有关主管部门责令暂停相关业务、停业整顿、吊销相关业务许可证或者吊销营业执照，对其直接负责的主管人员和其他直接责任人员，处一万元以上二十万元以下罚款：

（一）未落实国家有关规定确定的反电信网络诈骗内部控制机制的；

（二）未履行电话卡、物联网卡实名制登记职责的；

（三）未履行对电话卡、物联网卡的监测识别、监测预警和相关处置职责的；

（四）未对物联网卡用户进行风险评估，或者未限定物联网卡的开通功能、使用场景和适用设备的；

（五）未采取措施对改号电话、虚假主叫或者具有相应功能的非法设备进行监测处置的。

第四十条　【银行业金融机构、非银行支付机构的法律责任】银行业金融机构、非银行支付机构违反本法规定，有下列情形之一的，由有关主管部门责令改正，情节较轻的，给予警告、通报批评，或者处五万元以上五十万元以下罚款；情节严重的，处五十万元以上五百万元以下罚款，并可以由有关主管部门责令停止新增业务、缩减业务类型或者业务范围、暂停相关业务、停业整顿、吊销相关业务许可证或者吊销营业执照，对其直接负责的主管人员和其他直接责任人员，处一万元以上二十万元以下罚款：

（一）未落实国家有关规定确定的反电信网络诈骗内部控制机制的；

（二）未履行尽职调查义务和有关风险管理措施的；

（三）未履行对异常账户、可疑交易的风险监测和相关处置义务的；

（四）未按照规定完整、准确传输有关交易信息的。

第四十一条　【电信业务经营者、互联网服务提供者的法律责任】电信业务经营者、互联网服务提供者违反本法规定，有下列情形之一的，由有关主管部门责令改正，情节较轻的，给予警告、通报批评，或者处五万元以上五十万元以下罚款；情节严重的，处五十万元以上五百万元以下罚款，并可以由有关主管部门责令暂停相关业务、停业整顿、关闭网站或者应用程序、吊销相关业务许可证或者吊销营业执照，对其直接负责的主管人员和其他直接责任人员，处一万元以上二十万元以下罚款：

（一）未落实国家有关规定确定的反电信网络诈骗内部控制机制的；

（二）未履行网络服务实名制职责，或者未对涉案、涉诈电话卡关联注册互联网账号进行核验的；

（三）未按照国家有关规定，核验域名注册、解析信息和互联网协议地址的真实性、准确性，规范域名跳转，或者记录并留存所提供相应服务的日志信息的；

（四）未登记核验移动互联网应用程序开发运营者的真实身份信息或者未核验应用程序的功能、用途，为其提供应用程序封装、分发服务的；

（五）未履行对涉诈互联网账号和应用程序，以及其他电信网络诈骗信息、活动的监测识别和处置义务的；

（六）拒不依法为查处电信网络诈骗犯罪提供技术支持和协助，或者未按规定移送有关违法犯罪线索、风险信息的。

第四十二条 【非法制造、销售、提供或者使用专门或者主要用于电信网络诈骗的设备、软件的法律责任】违反本法第十四条、第二十五条第一款规定的，没收违法所得，由公安机关或者有关主管部门处违法所得一倍以上十倍以下罚款，没有违法所得或者违法所得不足五万元的，处五十万元以下罚款；情节严重的，由公安机关并处十五日以下拘留。

第四十三条 【未履行合理注意义务的法律责任】违反本法第二十五条第二款规定，由有关主管部门责令改正，情节较轻的，给予警告、通报批评，或者处五万元以上五十万元以下罚款；情节严重的，处五十万元以上五百万元以下罚款，并可以由有关主管部门责令暂停相关业务、停业整顿、关闭网站或者应用程序，对其直接负责的主管人员和其他直接责任人员，处一万元以上二十万元以下罚款。

第四十四条 【非法买卖、出租、出借电话卡等的法律责任】违反本法第三十一条第一款规定的，没收违法所得，由公安机关处违法所得一倍以上十倍以下罚款，没有违法所得或者违法所得不足二万元的，处二十万元以下罚款；情节严重的，并处十五日以下拘留。

第四十五条 【反电信网络诈骗工作部门的法律责任】反电信网络诈骗工作有关部门、单位的工作人员滥用职权、玩忽职守、徇私舞弊，或者有其他违反本法规定行为，构成犯罪的，依法追究刑事责任。

第四十六条 【民事侵权责任】组织、策划、实施、参与电信网络诈骗活动或者为电信网络诈骗活动提供相关帮助的违法犯罪人员，除依法承担刑事责任、行政责任以外，造成他人损害的，依照《中华人民共和国民法典》等法律的规定承担民事责任。

电信业务经营者、银行业金融机构、非银行支付机构、互联网服务提供者等违反本法规定，造成他人损害的，依照《中华人民共和国民法典》等法律的规定承担民事责任。

第四十七条 【公益诉讼】人民检察院在履行反电信网络诈骗职责中，对于侵害国家利益和社会公共利益的行为，可以依法向人民法院提起公益诉讼。

第四十八条 【行政复议或行政诉讼】有关单位和个人对依照本法作出的行政处罚和行政强制措施决定不服的，可以依法申请行政复议或者提起行政诉讼。

第七章 附 则

第四十九条 【适用规定】反电信网络诈骗工作涉及的有关管理和责任制度，

本法没有规定的，适用《中华人民共和国网络安全法》、《中华人民共和国个人信息保护法》、《中华人民共和国反洗钱法》等相关法律规定。

第五十条 【施行日期】本法自 2022 年 12 月 1 日起施行。

中华人民共和国个人信息保护法

（2021 年 8 月 20 日第十三届全国人民代表大会常务委员会第三十次会议通过　2021 年 8 月 20 日中华人民共和国主席令第 91 号公布　自 2021 年 11 月 1 日起施行）

第一章　总　　则

第一条 【立法目的】为了保护个人信息权益，规范个人信息处理活动，促进个人信息合理利用，根据宪法，制定本法。

第二条 【个人信息受法律保护】自然人的个人信息受法律保护，任何组织、个人不得侵害自然人的个人信息权益。

第三条 【适用范围】在中华人民共和国境内处理自然人个人信息的活动，适用本法。

在中华人民共和国境外处理中华人民共和国境内自然人个人信息的活动，有下列情形之一的，也适用本法：

（一）以向境内自然人提供产品或者服务为目的；

（二）分析、评估境内自然人的行为；

（三）法律、行政法规规定的其他情形。

第四条 【个人信息的含义】个人信息是以电子或者其他方式记录的与已识别或者可识别的自然人有关的各种信息，不包括匿名化处理后的信息。

个人信息的处理包括个人信息的收集、存储、使用、加工、传输、提供、公开、删除等。

第五条 【合法、正当、必要和诚信原则】处理个人信息应当遵循合法、正当、必要和诚信原则，不得通过误导、欺诈、胁迫等方式处理个人信息。

第六条 【个人信息处理的原则】处理个人信息应当具有明确、合理的目的，并应当与处理目的直接相关，采取对个人权益影响最小的方式。

收集个人信息，应当限于实现处理目的的最小范围，不得过度收集个人信息。

第七条 【公开透明原则】处理个人信息应当遵循公开、透明原则，公开个人信息处理规则，明示处理的目的、方式和范围。

第八条 【个人信息质量原则】处理个人信息应当保证个人信息的质量，避免因个人信息不准确、不完整对个人权益造成不利影响。

第九条 【个人信息处理者负责原则】个人信息处理者应当对其个人信息处理活动负责，并采取必要措施保障所处理的个人信息的安全。

第十条 【个人信息处理的禁止性规定】任何组织、个人不得非法收集、使用、加工、传输他人个人信息，不得非法买卖、提供或者公开他人个人信息；不得从事危害国家安全、公共利益的个人信息处理活动。

第十一条 【国家个人信息保护制度】国家建立健全个人信息保护制度，预防和惩治侵害个人信息权益的行为，加强个人信息保护宣传教育，推动形成政府、企业、相关社会组织、公众共同参与个人信息保护的良好环境。

第十二条 【个人信息保护国际交流合作】国家积极参与个人信息保护国际规则的制定，促进个人信息保护方面的国际交流与合作，推动与其他国家、地区、国际组织之间的个人信息保护规则、标准等互认。

第二章　个人信息处理规则

第一节　一般规定

第十三条 【个人信息处理的合法性条件】符合下列情形之一的，个人信息处理者方可处理个人信息：

（一）取得个人的同意；

（二）为订立、履行个人作为一方当事人的合同所必需，或者按照依法制定的劳动规章制度和依法签订的集体合同实施人力资源管理所必需；

（三）为履行法定职责或者法定义务所必需；

（四）为应对突发公共卫生事件，或者紧急情况下为保护自然人的生命健康和财产安全所必需；

（五）为公共利益实施新闻报道、舆论监督等行为，在合理的范围内处理个人信息；

（六）依照本法规定在合理的范围内处理个人自行公开或者其他已经合法公开的个人信息；

（七）法律、行政法规规定的其他情形。

依照本法其他有关规定，处理个人信息应当取得个人同意，但是有前款第二项至第七项规定情形的，不需取得个人同意。

第十四条 【知情同意原则】基于个人同意处理个人信息的，该同意应当由个人在充分知情的前提下自愿、明确作出。法律、行政法规规定处理个人信息应当取得个人单独同意或者书面同意的，从其规定。

个人信息的处理目的、处理方式和处理的个人信息种类发生变更的，应当重新取得个人同意。

第十五条　【个人信息撤回权】基于个人同意处理个人信息的，个人有权撤回其同意。个人信息处理者应当提供便捷的撤回同意的方式。

个人撤回同意，不影响撤回前基于个人同意已进行的个人信息处理活动的效力。

第十六条　【不得拒绝提供服务原则】个人信息处理者不得以个人不同意处理其个人信息或者撤回同意为由，拒绝提供产品或者服务；处理个人信息属于提供产品或者服务所必需的除外。

第十七条　【个人信息的告知规则】个人信息处理者在处理个人信息前，应当以显著方式、清晰易懂的语言真实、准确、完整地向个人告知下列事项：

（一）个人信息处理者的名称或者姓名和联系方式；

（二）个人信息的处理目的、处理方式，处理的个人信息种类、保存期限；

（三）个人行使本法规定权利的方式和程序；

（四）法律、行政法规规定应当告知的其他事项。

前款规定事项发生变更的，应当将变更部分告知个人。

个人信息处理者通过制定个人信息处理规则的方式告知第一款规定事项的，处理规则应当公开，并且便于查阅和保存。

第十八条　【告知义务的豁免及延迟】个人信息处理者处理个人信息，有法律、行政法规规定应当保密或者不需要告知的情形的，可以不向个人告知前条第一款规定的事项。

紧急情况下为保护自然人的生命健康和财产安全无法及时向个人告知的，个人信息处理者应当在紧急情况消除后及时告知。

第十九条　【个人信息保存期限的限制】除法律、行政法规另有规定外，个人信息的保存期限应当为实现处理目的所必要的最短时间。

第二十条　【共同处理个人信息的权义约定和义务承担】两个以上的个人信息处理者共同决定个人信息的处理目的和处理方式的，应当约定各自的权利和义务。但是，该约定不影响个人向其中任何一个个人信息处理者要求行使本法规定的权利。

个人信息处理者共同处理个人信息，侵害个人信息权益造成损害的，应当依法承担连带责任。

第二十一条　【委托处理个人信息】个人信息处理者委托处理个人信息的，应当与受托人约定委托处理的目的、期限、处理方式、个人信息的种类、保护措施以及双方的权利和义务等，并对受托人的个人信息处理活动进行监督。

受托人应当按照约定处理个人信息，不得超出约定的处理目的、处理方式等处理个人信息；委托合同不生效、无效、被撤销或者终止的，受托人应当将个人信息返还个人信息处理者或者予以删除，不得保留。

未经个人信息处理者同意，受托人不得转委托他人处理个人信息。

第二十二条　【个人信息移转】个人信息处理者因合并、分立、解散、被宣告破产等原因需要转移个人信息的，应当向个人告知接收方的名称或者姓名和联系方式。接收方应当继续履行个人信息处理者的义务。接收方变更原先的处理目的、处理方式的，应当依照本法规定重新取得个人同意。

第二十三条　【个人信息分享提供】个人信息处理者向其他个人信息处理者提供其处理的个人信息的，应当向个人告知接收方的名称或者姓名、联系方式、处理目的、处理方式和个人信息的种类，并取得个人的单独同意。接收方应当在上述处理目的、处理方式和个人信息的种类等范围内处理个人信息。接收方变更原先的处理目的、处理方式的，应当依照本法规定重新取得个人同意。

第二十四条　【自动化决策】个人信息处理者利用个人信息进行自动化决策，应当保证决策的透明度和结果公平、公正，不得对个人在交易价格等交易条件上实行不合理的差别待遇。

通过自动化决策方式向个人进行信息推送、商业营销，应当同时提供不针对其个人特征的选项，或者向个人提供便捷的拒绝方式。

通过自动化决策方式作出对个人权益有重大影响的决定，个人有权要求个人信息处理者予以说明，并有权拒绝个人信息处理者仅通过自动化决策的方式作出决定。

第二十五条　【个人信息公开】个人信息处理者不得公开其处理的个人信息，取得个人单独同意的除外。

第二十六条　【公共场所图像、身份识别信息收集规则】在公共场所安装图像采集、个人身份识别设备，应当为维护公共安全所必需，遵守国家有关规定，并设置显著的提示标识。所收集的个人图像、身份识别信息只能用于维护公共安全的目的，不得用于其他目的；取得个人单独同意的除外。

第二十七条　【已公开个人信息的处理】个人信息处理者可以在合理的范围内处理个人自行公开或者其他已经合法公开的个人信息；个人明确拒绝的除外。个人信息处理者处理已公开的个人信息，对个人权益有重大影响的，应当依照本法规定取得个人同意。

第二节　敏感个人信息的处理规则

第二十八条　【敏感个人信息的处理】敏感个人信息是一旦泄露或者非法使用，容易导致自然人的人格尊严受到侵害或者人身、财产安全受到危害的个人信息，包括生物识别、宗教信仰、特定身份、医疗健康、金融账户、行踪轨迹等信息，以及不满十四周岁未成年人的个人信息。

只有在具有特定的目的和充分的必要性，并采取严格保护措施的情形下，个人信息处理者方可处理敏感个人信息。

第二十九条　【敏感个人信息特别同意规则】处理敏感个人信息应当取得个人的单独同意；法律、行政法规规定处理敏感个人信息应当取得书面同意的，从其规定。

第三十条　【敏感个人信息告知义务】个人信息处理者处理敏感个人信息的，除本法第十七条第一款规定的事项外，还应当向个人告知处理敏感个人信息的必要性以及对个人权益的影响；依照本法规定可以不向个人告知的除外。

第三十一条　【未成年人同意规则】个人信息处理者处理不满十四周岁未成年人个人信息的，应当取得未成年人的父母或者其他监护人的同意。

个人信息处理者处理不满十四周岁未成年人个人信息的，应当制定专门的个人信息处理规则。

第三十二条　【处理敏感个人信息的法定限制】法律、行政法规对处理敏感个人信息规定应当取得相关行政许可或者作出其他限制的，从其规定。

第三节　国家机关处理个人信息的特别规定

第三十三条　【国家机关保护个人信息的法定义务】国家机关处理个人信息的活动，适用本法；本节有特别规定的，适用本节规定。

第三十四条　【国家机关依法定职责处理个人信息】国家机关为履行法定职责处理个人信息，应当依照法律、行政法规规定的权限、程序进行，不得超出履行法定职责所必需的范围和限度。

第三十五条　【国家机关处理个人信息的告知义务】国家机关为履行法定职责处理个人信息，应当依照本法规定履行告知义务；有本法第十八条第一款规定的情形，或者告知将妨碍国家机关履行法定职责的除外。

第三十六条　【个人信息的境内存储和境外提供风险评估】国家机关处理的个人信息应当在中华人民共和国境内存储；确需向境外提供的，应当进行安全评估。安全评估可以要求有关部门提供支持与协助。

第三十七条 【法律、法规授权的公共职能组织的参照适用】法律、法规授权的具有管理公共事务职能的组织为履行法定职责处理个人信息，适用本法关于国家机关处理个人信息的规定。

第三章 个人信息跨境提供的规则

第三十八条 【个人信息对外提供条件】个人信息处理者因业务等需要，确需向中华人民共和国境外提供个人信息的，应当具备下列条件之一：

（一）依照本法第四十条的规定通过国家网信部门组织的安全评估；

（二）按照国家网信部门的规定经专业机构进行个人信息保护认证；

（三）按照国家网信部门制定的标准合同与境外接收方订立合同，约定双方的权利和义务；

（四）法律、行政法规或者国家网信部门规定的其他条件。

中华人民共和国缔结或者参加的国际条约、协定对向中华人民共和国境外提供个人信息的条件等有规定的，可以按照其规定执行。

个人信息处理者应当采取必要措施，保障境外接收方处理个人信息的活动达到本法规定的个人信息保护标准。

第三十九条 【出境的告知要求】个人信息处理者向中华人民共和国境外提供个人信息的，应当向个人告知境外接收方的名称或者姓名、联系方式、处理目的、处理方式、个人信息的种类以及个人向境外接收方行使本法规定权利的方式和程序等事项，并取得个人的单独同意。

第四十条 【关键信息基础设施的要求】关键信息基础设施运营者和处理个人信息达到国家网信部门规定数量的个人信息处理者，应当将在中华人民共和国境内收集和产生的个人信息存储在境内。确需向境外提供的，应当通过国家网信部门组织的安全评估；法律、行政法规和国家网信部门规定可以不进行安全评估的，从其规定。

第四十一条 【个人信息跨境提供的批准】中华人民共和国主管机关根据有关法律和中华人民共和国缔结或者参加的国际条约、协定，或者按照平等互惠原则，处理外国司法或者执法机构关于提供存储于境内个人信息的请求。非经中华人民共和国主管机关批准，个人信息处理者不得向外国司法或者执法机构提供存储于中华人民共和国境内的个人信息。

第四十二条 【境外违法个人信息处理活动的禁止性规定】境外的组织、个人从事侵害中华人民共和国公民的个人信息权益，或者危害中华人民共和国国家安全、公共利益的个人信息处理活动的，国家网信部门可以将其列入限制或者禁止个人信息提供清单，予以公告，并采取限制或者禁止向其提供个人信息等措施。

第四十三条 【对针对中国的歧视性禁止、限制措施可采取对等措施】任何国家或者地区在个人信息保护方面对中华人民共和国采取歧视性的禁止、限制或者其他类似措施的，中华人民共和国可以根据实际情况对该国家或者地区对等采取措施。

第四章 个人在个人信息处理活动中的权利

第四十四条 【知情权和决定权】个人对其个人信息的处理享有知情权、决定权，有权限制或者拒绝他人对其个人信息进行处理；法律、行政法规另有规定的除外。

第四十五条 【查阅权、复制权及个人信息的转移】个人有权向个人信息处理者查阅、复制其个人信息；有本法第十八条第一款、第三十五条规定情形的除外。

个人请求查阅、复制其个人信息的，个人信息处理者应当及时提供。

个人请求将个人信息转移至其指定的个人信息处理者，符合国家网信部门规定条件的，个人信息处理者应当提供转移的途径。

第四十六条 【更正权和补充权】个人发现其个人信息不准确或者不完整的，有权请求个人信息处理者更正、补充。

个人请求更正、补充其个人信息的，个人信息处理者应当对其个人信息予以核实，并及时更正、补充。

第四十七条 【删除权】有下列情形之一的，个人信息处理者应当主动删除个人信息；个人信息处理者未删除的，个人有权请求删除：

（一）处理目的已实现、无法实现或者为实现处理目的不再必要；

（二）个人信息处理者停止提供产品或者服务，或者保存期限已届满；

（三）个人撤回同意；

（四）个人信息处理者违反法律、行政法规或者违反约定处理个人信息；

（五）法律、行政法规规定的其他情形。

法律、行政法规规定的保存期限未届满，或者删除个人信息从技术上难以实现的，个人信息处理者应当停止除存储和采取必要的安全保护措施之外的处理。

第四十八条 【要求解释和说明权】个人有权要求个人信息处理者对其个人信息处理规则进行解释说明。

第四十九条 【死者个人信息保护】自然人死亡的，其近亲属为了自身的合法、正当利益，可以对死者的相关个人信息行使本章规定的查阅、复制、更正、删除等权利；死者生前另有安排的除外。

第五十条 【个人信息权利行使的申请受理和处理机制】个人信息处理者应当建立便捷的个人行使权利的申请受理和处理机制。拒绝个人行使权利的请求的，应当说明理由。

个人信息处理者拒绝个人行使权利的请求的，个人可以依法向人民法院提起诉讼。

第五章 个人信息处理者的义务

第五十一条 【个人信息安全管理要求】个人信息处理者应当根据个人信息的处理目的、处理方式、个人信息的种类以及对个人权益的影响、可能存在的安全风险等，采取下列措施确保个人信息处理活动符合法律、行政法规的规定，并防止未经授权的访问以及个人信息泄露、篡改、丢失：

（一）制定内部管理制度和操作规程；

（二）对个人信息实行分类管理；

（三）采取相应的加密、去标识化等安全技术措施；

（四）合理确定个人信息处理的操作权限，并定期对从业人员进行安全教育和培训；

（五）制定并组织实施个人信息安全事件应急预案；

（六）法律、行政法规规定的其他措施。

第五十二条 【个人信息负责人制度】处理个人信息达到国家网信部门规定数量的个人信息处理者应当指定个人信息保护负责人，负责对个人信息处理活动以及采取的保护措施等进行监督。

个人信息处理者应当公开个人信息保护负责人的联系方式，并将个人信息保护负责人的姓名、联系方式等报送履行个人信息保护职责的部门。

第五十三条 【境外个人信息处理者设立境内专门机构或指定代表的义务】本法第三条第二款规定的中华人民共和国境外的个人信息处理者，应当在中华人民共和国境内设立专门机构或者指定代表，负责处理个人信息保护相关事务，并将有关机构的名称或者代表的姓名、联系方式等报送履行个人信息保护职责的部门。

第五十四条 【定期合规审计义务】个人信息处理者应当定期对其处理个人信息遵守法律、行政法规的情况进行合规审计。

第五十五条 【个人信息保护影响评估义务】有下列情形之一的，个人信息处理者应当事前进行个人信息保护影响评估，并对处理情况进行记录：

（一）处理敏感个人信息；

（二）利用个人信息进行自动化决策；

（三）委托处理个人信息、向其他个人信息处理者提供个人信息、公开个人信息；

（四）向境外提供个人信息；

（五）其他对个人权益有重大影响的个人信息处理活动。

第五十六条 【个人信息保护影响评估的内容】个人信息保护影响评估应当包括下列内容：

（一）个人信息的处理目的、处理方式等是否合法、正当、必要；

（二）对个人权益的影响及安全风险；

（三）所采取的保护措施是否合法、有效并与风险程度相适应。

个人信息保护影响评估报告和处理情况记录应当至少保存三年。

第五十七条 【个人信息泄露等事件的补救措施和通知义务】发生或者可能发生个人信息泄露、篡改、丢失的，个人信息处理者应当立即采取补救措施，并通知履行个人信息保护职责的部门和个人。通知应当包括下列事项：

（一）发生或者可能发生个人信息泄露、篡改、丢失的信息种类、原因和可能造成的危害；

（二）个人信息处理者采取的补救措施和个人可以采取的减轻危害的措施；

（三）个人信息处理者的联系方式。

个人信息处理者采取措施能够有效避免信息泄露、篡改、丢失造成危害的，个人信息处理者可以不通知个人；履行个人信息保护职责的部门认为可能造成危害的，有权要求个人信息处理者通知个人。

第五十八条 【大型互联网平台的个人信息保护义务】提供重要互联网平台服务、用户数量巨大、业务类型复杂的个人信息处理者，应当履行下列义务：

（一）按照国家规定建立健全个人信息保护合规制度体系，成立主要由外部成员组成的独立机构对个人信息保护情况进行监督；

（二）遵循公开、公平、公正的原则，制定平台规则，明确平台内产品或者服务提供者处理个人信息的规范和保护个人信息的义务；

（三）对严重违反法律、行政法规处理个人信息的平台内的产品或者服务提供者，停止提供服务；

（四）定期发布个人信息保护社会责任报告，接受社会监督。

第五十九条 【受托方的个人信息保护义务】接受委托处理个人信息的受托人，应当依照本法和有关法律、行政法规的规定，采取必要措施保障所处理的个人信息的安全，并协助个人信息处理者履行本法规定的义务。

第六章 履行个人信息保护职责的部门

第六十条 【个人信息保护监管的职能划分】国家网信部门负责统筹协调个人信息保护工作和相关监督管理工作。国务院有关部门依照本法和有关法律、行政法规的规定,在各自职责范围内负责个人信息保护和监督管理工作。

县级以上地方人民政府有关部门的个人信息保护和监督管理职责,按照国家有关规定确定。

前两款规定的部门统称为履行个人信息保护职责的部门。

第六十一条 【履行个人信息保护职责的部门的基本职责】履行个人信息保护职责的部门履行下列个人信息保护职责:

(一)开展个人信息保护宣传教育,指导、监督个人信息处理者开展个人信息保护工作;

(二)接受、处理与个人信息保护有关的投诉、举报;

(三)组织对应用程序等个人信息保护情况进行测评,并公布测评结果;

(四)调查、处理违法个人信息处理活动;

(五)法律、行政法规规定的其他职责。

第六十二条 【国家网信部门统筹协调的个人信息保护工作】国家网信部门统筹协调有关部门依据本法推进下列个人信息保护工作:

(一)制定个人信息保护具体规则、标准;

(二)针对小型个人信息处理者、处理敏感个人信息以及人脸识别、人工智能等新技术、新应用,制定专门的个人信息保护规则、标准;

(三)支持研究开发和推广应用安全、方便的电子身份认证技术,推进网络身份认证公共服务建设;

(四)推进个人信息保护社会化服务体系建设,支持有关机构开展个人信息保护评估、认证服务;

(五)完善个人信息保护投诉、举报工作机制。

第六十三条 【个人信息保护措施】履行个人信息保护职责的部门履行个人信息保护职责,可以采取下列措施:

(一)询问有关当事人,调查与个人信息处理活动有关的情况;

(二)查阅、复制当事人与个人信息处理活动有关的合同、记录、账簿以及其他有关资料;

(三)实施现场检查,对涉嫌违法的个人信息处理活动进行调查;

(四)检查与个人信息处理活动有关的设备、物品;对有证据证明是用于违个人信息处理活动的设备、物品，向本部门主要负责人书面报告并经批准，可以查封或者扣押。

履行个人信息保护职责的部门依法履行职责，当事人应当予以协助、配合，不得拒绝、阻挠。

第六十四条 【约谈、合规审计】履行个人信息保护职责的部门在履行职责中，发现个人信息处理活动存在较大风险或者发生个人信息安全事件的，可以按照规定的权限和程序对该个人信息处理者的法定代表人或者主要负责人进行约谈，或者要求个人信息处理者委托专业机构对其个人信息处理活动进行合规审计。个人信息处理者应当按照要求采取措施，进行整改，消除隐患。

履行个人信息保护职责的部门在履行职责中，发现违法处理个人信息涉嫌犯罪的，应当及时移送公安机关依法处理。

第六十五条 【投诉举报机制】任何组织、个人有权对违法个人信息处理活动向履行个人信息保护职责的部门进行投诉、举报。收到投诉、举报的部门应当依法及时处理，并将处理结果告知投诉、举报人。

履行个人信息保护职责的部门应当公布接受投诉、举报的联系方式。

第七章 法 律 责 任

第六十六条 【非法处理个人信息、未依法履行个人信息保护义务的行政责任】违反本法规定处理个人信息，或者处理个人信息未履行本法规定的个人信息保护义务的，由履行个人信息保护职责的部门责令改正，给予警告，没收违法所得，对违法处理个人信息的应用程序，责令暂停或者终止提供服务；拒不改正的，并处一百万元以下罚款；对直接负责的主管人员和其他直接责任人员处一万元以上十万元以下罚款。

有前款规定的违法行为，情节严重的，由省级以上履行个人信息保护职责的部门责令改正，没收违法所得，并处五千万元以下或者上一年度营业额百分之五以下罚款，并可以责令暂停相关业务或者停业整顿、通报有关主管部门吊销相关业务许可或者吊销营业执照；对直接负责的主管人员和其他直接责任人员处十万元以上一百万元以下罚款，并可以决定禁止其在一定期限内担任相关企业的董事、监事、高级管理人员和个人信息保护负责人。

第六十七条 【信用档案制度】有本法规定的违法行为的，依照有关法律、行政法规的规定记入信用档案，并予以公示。

第六十八条 【国家机关不履行个人信息保护义务、履行个人信息保护职责的部门的工作人员渎职的法律责任】国家机关不履行本法规定的个人信息保护义务的，由其上级机关或者履行个人信息保护职责的部门责令改正；对直接负责的主管人员和其他直接责任人员依法给予处分。

履行个人信息保护职责的部门的工作人员玩忽职守、滥用职权、徇私舞弊，尚不构成犯罪的，依法给予处分。

第六十九条　【侵害个人信息权益的民事责任】 处理个人信息侵害个人信息权益造成损害，个人信息处理者不能证明自己没有过错的，应当承担损害赔偿等侵权责任。

前款规定的损害赔偿责任按照个人因此受到的损失或者个人信息处理者因此获得的利益确定；个人因此受到的损失和个人信息处理者因此获得的利益难以确定的，根据实际情况确定赔偿数额。

第七十条　【个人信息侵害的公益诉讼】 个人信息处理者违反本法规定处理个人信息，侵害众多个人的权益的，人民检察院、法律规定的消费者组织和由国家网信部门确定的组织可以依法向人民法院提起诉讼。

第七十一条　【治安管理处罚和刑事责任】 违反本法规定，构成违反治安管理行为的，依法给予治安管理处罚；构成犯罪的，依法追究刑事责任。

第八章　附　　则

第七十二条　【适用除外范围】 自然人因个人或者家庭事务处理个人信息的，不适用本法。

法律对各级人民政府及其有关部门组织实施的统计、档案管理活动中的个人信息处理有规定的，适用其规定。

第七十三条　【相关用语的含义】 本法下列用语的含义：

（一）个人信息处理者，是指在个人信息处理活动中自主决定处理目的、处理方式的组织、个人。

（二）自动化决策，是指通过计算机程序自动分析、评估个人的行为习惯、兴趣爱好或者经济、健康、信用状况等，并进行决策的活动。

（三）去标识化，是指个人信息经过处理，使其在不借助额外信息的情况下无法识别特定自然人的过程。

（四）匿名化，是指个人信息经过处理无法识别特定自然人且不能复原的过程。

第七十四条　【生效时间】 本法自 2021 年 11 月 1 日起施行。

中华人民共和国数据安全法

（2021年6月10日第十三届全国人民代表大会常务委员会第二十九次会议通过　2021年6月10日中华人民共和国主席令第84号公布　自2021年9月1日起施行）

第一章　总　　则

第一条　为了规范数据处理活动，保障数据安全，促进数据开发利用，保护个人、组织的合法权益，维护国家主权、安全和发展利益，制定本法。

第二条　在中华人民共和国境内开展数据处理活动及其安全监管，适用本法。

在中华人民共和国境外开展数据处理活动，损害中华人民共和国国家安全、公共利益或者公民、组织合法权益的，依法追究法律责任。

第三条　本法所称数据，是指任何以电子或者其他方式对信息的记录。

数据处理，包括数据的收集、存储、使用、加工、传输、提供、公开等。

数据安全，是指通过采取必要措施，确保数据处于有效保护和合法利用的状态，以及具备保障持续安全状态的能力。

第四条　维护数据安全，应当坚持总体国家安全观，建立健全数据安全治理体系，提高数据安全保障能力。

第五条　中央国家安全领导机构负责国家数据安全工作的决策和议事协调，研究制定、指导实施国家数据安全战略和有关重大方针政策，统筹协调国家数据安全的重大事项和重要工作，建立国家数据安全工作协调机制。

第六条　各地区、各部门对本地区、本部门工作中收集和产生的数据及数据安全负责。

工业、电信、交通、金融、自然资源、卫生健康、教育、科技等主管部门承担本行业、本领域数据安全监管职责。

公安机关、国家安全机关等依照本法和有关法律、行政法规的规定，在各自职责范围内承担数据安全监管职责。

国家网信部门依照本法和有关法律、行政法规的规定，负责统筹协调网络数据安全和相关监管工作。

第七条　国家保护个人、组织与数据有关的权益，鼓励数据依法合理有效利用，保障数据依法有序自由流动，促进以数据为关键要素的数字经济发展。

第八条 开展数据处理活动,应当遵守法律、法规,尊重社会公德和伦理,遵守商业道德和职业道德,诚实守信,履行数据安全保护义务,承担社会责任,不得危害国家安全、公共利益,不得损害个人、组织的合法权益。

第九条 国家支持开展数据安全知识宣传普及,提高全社会的数据安全保护意识和水平,推动有关部门、行业组织、科研机构、企业、个人等共同参与数据安全保护工作,形成全社会共同维护数据安全和促进发展的良好环境。

第十条 相关行业组织按照章程,依法制定数据安全行为规范和团体标准,加强行业自律,指导会员加强数据安全保护,提高数据安全保护水平,促进行业健康发展。

第十一条 国家积极开展数据安全治理、数据开发利用等领域的国际交流与合作,参与数据安全相关国际规则和标准的制定,促进数据跨境安全、自由流动。

第十二条 任何个人、组织都有权对违反本法规定的行为向有关主管部门投诉、举报。收到投诉、举报的部门应当及时依法处理。

有关主管部门应当对投诉、举报人的相关信息予以保密,保护投诉、举报人的合法权益。

第二章 数据安全与发展

第十三条 国家统筹发展和安全,坚持以数据开发利用和产业发展促进数据安全,以数据安全保障数据开发利用和产业发展。

第十四条 国家实施大数据战略,推进数据基础设施建设,鼓励和支持数据在各行业、各领域的创新应用。

省级以上人民政府应当将数字经济发展纳入本级国民经济和社会发展规划,并根据需要制定数字经济发展规划。

第十五条 国家支持开发利用数据提升公共服务的智能化水平。提供智能化公共服务,应当充分考虑老年人、残疾人的需求,避免对老年人、残疾人的日常生活造成障碍。

第十六条 国家支持数据开发利用和数据安全技术研究,鼓励数据开发利用和数据安全等领域的技术推广和商业创新,培育、发展数据开发利用和数据安全产品、产业体系。

第十七条 国家推进数据开发利用技术和数据安全标准体系建设。国务院标准化行政主管部门和国务院有关部门根据各自的职责,组织制定并适时修订有关数据开发利用技术、产品和数据安全相关标准。国家支持企业、社会团体和教育、科研机构等参与标准制定。

第十八条 国家促进数据安全检测评估、认证等服务的发展，支持数据安全检测评估、认证等专业机构依法开展服务活动。

国家支持有关部门、行业组织、企业、教育和科研机构、有关专业机构等在数据安全风险评估、防范、处置等方面开展协作。

第十九条 国家建立健全数据交易管理制度，规范数据交易行为，培育数据交易市场。

第二十条 国家支持教育、科研机构和企业等开展数据开发利用技术和数据安全相关教育和培训，采取多种方式培养数据开发利用技术和数据安全专业人才，促进人才交流。

第三章 数据安全制度

第二十一条 国家建立数据分类分级保护制度，根据数据在经济社会发展中的重要程度，以及一旦遭到篡改、破坏、泄露或者非法获取、非法利用，对国家安全、公共利益或者个人、组织合法权益造成的危害程度，对数据实行分类分级保护。国家数据安全工作协调机制统筹协调有关部门制定重要数据目录，加强对重要数据的保护。

关系国家安全、国民经济命脉、重要民生、重大公共利益等数据属于国家核心数据，实行更加严格的管理制度。

各地区、各部门应当按照数据分类分级保护制度，确定本地区、本部门以及相关行业、领域的重要数据具体目录，对列入目录的数据进行重点保护。

第二十二条 国家建立集中统一、高效权威的数据安全风险评估、报告、信息共享、监测预警机制。国家数据安全工作协调机制统筹协调有关部门加强数据安全风险信息的获取、分析、研判、预警工作。

第二十三条 国家建立数据安全应急处置机制。发生数据安全事件，有关主管部门应当依法启动应急预案，采取相应的应急处置措施，防止危害扩大，消除安全隐患，并及时向社会发布与公众有关的警示信息。

第二十四条 国家建立数据安全审查制度，对影响或者可能影响国家安全的数据处理活动进行国家安全审查。

依法作出的安全审查决定为最终决定。

第二十五条 国家对与维护国家安全和利益、履行国际义务相关的属于管制物项的数据依法实施出口管制。

第二十六条 任何国家或者地区在与数据和数据开发利用技术等有关的投

资、贸易等方面对中华人民共和国采取歧视性的禁止、限制或者其他类似措施的，中华人民共和国可以根据实际情况对该国家或者地区对等采取措施。

第四章 数据安全保护义务

第二十七条 开展数据处理活动应当依照法律、法规的规定，建立健全全流程数据安全管理制度，组织开展数据安全教育培训，采取相应的技术措施和其他必要措施，保障数据安全。利用互联网等信息网络开展数据处理活动，应当在网络安全等级保护制度的基础上，履行上述数据安全保护义务。

重要数据的处理者应当明确数据安全负责人和管理机构，落实数据安全保护责任。

第二十八条 开展数据处理活动以及研究开发数据新技术，应当有利于促进经济社会发展，增进人民福祉，符合社会公德和伦理。

第二十九条 开展数据处理活动应当加强风险监测，发现数据安全缺陷、漏洞等风险时，应当立即采取补救措施；发生数据安全事件时，应当立即采取处置措施，按照规定及时告知用户并向有关主管部门报告。

第三十条 重要数据的处理者应当按照规定对其数据处理活动定期开展风险评估，并向有关主管部门报送风险评估报告。

风险评估报告应当包括处理的重要数据的种类、数量，开展数据处理活动的情况，面临的数据安全风险及其应对措施等。

第三十一条 关键信息基础设施的运营者在中华人民共和国境内运营中收集和产生的重要数据的出境安全管理，适用《中华人民共和国网络安全法》的规定；其他数据处理者在中华人民共和国境内运营中收集和产生的重要数据的出境安全管理办法，由国家网信部门会同国务院有关部门制定。

第三十二条 任何组织、个人收集数据，应当采取合法、正当的方式，不得窃取或者以其他非法方式获取数据。

法律、行政法规对收集、使用数据的目的、范围有规定的，应当在法律、行政法规规定的目的和范围内收集、使用数据。

第三十三条 从事数据交易中介服务的机构提供服务，应当要求数据提供方说明数据来源，审核交易双方的身份，并留存审核、交易记录。

第三十四条 法律、行政法规规定提供数据处理相关服务应当取得行政许可的，服务提供者应当依法取得许可。

第三十五条 公安机关、国家安全机关因依法维护国家安全或者侦查犯罪的需要调取数据，应当按照国家有关规定，经过严格的批准手续，依法进行，有关组织、个人应当予以配合。

第三十六条　中华人民共和国主管机关根据有关法律和中华人民共和国缔结或者参加的国际条约、协定，或者按照平等互惠原则，处理外国司法或者执法机构关于提供数据的请求。非经中华人民共和国主管机关批准，境内的组织、个人不得向外国司法或者执法机构提供存储于中华人民共和国境内的数据。

第五章　政务数据安全与开放

第三十七条　国家大力推进电子政务建设，提高政务数据的科学性、准确性、时效性，提升运用数据服务经济社会发展的能力。

第三十八条　国家机关为履行法定职责的需要收集、使用数据，应当在其履行法定职责的范围内依照法律、行政法规规定的条件和程序进行；对在履行职责中知悉的个人隐私、个人信息、商业秘密、保密商务信息等数据应当依法予以保密，不得泄露或者非法向他人提供。

第三十九条　国家机关应当依照法律、行政法规的规定，建立健全数据安全管理制度，落实数据安全保护责任，保障政务数据安全。

第四十条　国家机关委托他人建设、维护电子政务系统，存储、加工政务数据，应当经过严格的批准程序，并应当监督受托方履行相应的数据安全保护义务。受托方应当依照法律、法规的规定和合同约定履行数据安全保护义务，不得擅自留存、使用、泄露或者向他人提供政务数据。

第四十一条　国家机关应当遵循公正、公平、便民的原则，按照规定及时、准确地公开政务数据。依法不予公开的除外。

第四十二条　国家制定政务数据开放目录，构建统一规范、互联互通、安全可控的政务数据开放平台，推动政务数据开放利用。

第四十三条　法律、法规授权的具有管理公共事务职能的组织为履行法定职责开展数据处理活动，适用本章规定。

第六章　法 律 责 任

第四十四条　有关主管部门在履行数据安全监管职责中，发现数据处理活动存在较大安全风险的，可以按照规定的权限和程序对有关组织、个人进行约谈，并要求有关组织、个人采取措施进行整改，消除隐患。

第四十五条　开展数据处理活动的组织、个人不履行本法第二十七条、第二十九条、第三十条规定的数据安全保护义务的，由有关主管部门责令改正，给予警告,可以并处五万元以上五十万元以下罚款,对直接负责的主管人员和其他直接责任人员可以处一万元以上十万元以下罚款;拒不改正或者造成大量数据泄露等严重后果的,处五十万元以上二百万元以下罚款,并可以责令暂停相关业务、停业整顿、吊销相关业务许可证或者吊销营业执照,对直接负责的主管人员和其他直接责任人员处五万元以上二十万元以下罚款。

违反国家核心数据管理制度,危害国家主权、安全和发展利益的,由有关主管部门处二百万元以上一千万元以下罚款,并根据情况责令暂停相关业务、停业整顿、吊销相关业务许可证或者吊销营业执照;构成犯罪的,依法追究刑事责任。

第四十六条 违反本法第三十一条规定,向境外提供重要数据的,由有关主管部门责令改正,给予警告,可以并处十万元以上一百万元以下罚款,对直接负责的主管人员和其他直接责任人员可以处一万元以上十万元以下罚款;情节严重的,处一百万元以上一千万元以下罚款,并可以责令暂停相关业务、停业整顿、吊销相关业务许可证或者吊销营业执照,对直接负责的主管人员和其他直接责任人员处十万元以上一百万元以下罚款。

第四十七条 从事数据交易中介服务的机构未履行本法第三十三条规定的义务的,由有关主管部门责令改正,没收违法所得,处违法所得一倍以上十倍以下罚款,没有违法所得或者违法所得不足十万元的,处十万元以上一百万元以下罚款,并可以责令暂停相关业务、停业整顿、吊销相关业务许可证或者吊销营业执照;对直接负责的主管人员和其他直接责任人员处一万元以上十万元以下罚款。

第四十八条 违反本法第三十五条规定,拒不配合数据调取的,由有关主管部门责令改正,给予警告,并处五万元以上五十万元以下罚款,对直接负责的主管人员和其他直接责任人员处一万元以上十万元以下罚款。

违反本法第三十六条规定,未经主管机关批准向外国司法或者执法机构提供数据的,由有关主管部门给予警告,可以并处十万元以上一百万元以下罚款,对直接负责的主管人员和其他直接责任人员可以处一万元以上十万元以下罚款;造成严重后果的,处一百万元以上五百万元以下罚款,并可以责令暂停相关业务、停业整顿、吊销相关业务许可证或者吊销营业执照,对直接负责的主管人员和其他直接责任人员处五万元以上五十万元以下罚款。

第四十九条 国家机关不履行本法规定的数据安全保护义务的,对直接负责的主管人员和其他直接责任人员依法给予处分。

第五十条 履行数据安全监管职责的国家工作人员玩忽职守、滥用职权、徇私舞弊的，依法给予处分。

第五十一条 窃取或者以其他非法方式获取数据，开展数据处理活动排除、限制竞争，或者损害个人、组织合法权益的，依照有关法律、行政法规的规定处罚。

第五十二条 违反本法规定，给他人造成损害的，依法承担民事责任。

违反本法规定，构成违反治安管理行为的，依法给予治安管理处罚；构成犯罪的，依法追究刑事责任。

第七章 附　　则

第五十三条 开展涉及国家秘密的数据处理活动，适用《中华人民共和国保守国家秘密法》等法律、行政法规的规定。

在统计、档案工作中开展数据处理活动，开展涉及个人信息的数据处理活动，还应当遵守有关法律、行政法规的规定。

第五十四条 军事数据安全保护的办法，由中央军事委员会依据本法另行制定。

第五十五条 本法自2021年9月1日起施行。

中华人民共和国刑法（节录）

（1979年7月1日第五届全国人民代表大会第二次会议通过　1997年3月14日第八届全国人民代表大会第五次会议修订　根据1998年12月29日第九届全国人民代表大会常务委员会第六次会议通过的《全国人民代表大会常务委员会关于惩治骗购外汇、逃汇和非法买卖外汇犯罪的决定》、1999年12月25日第九届全国人民代表大会常务委员会第十三次会议通过的《中华人民共和国刑法修正案》、2001年8月31日第九届全国人民代表大会常务委员会第二十三次会议通过的《中华人民共和国刑法修正案（二）》、2001年12月29日第九届全国人民代表大会常务委员会第二十五次会议通过的《中华人民共和国刑法修正案（三）》、2002年12月28日第九届全国人民代表大会常务委员会第三十一次会议通过的《中华人民共和国刑法修正案（四）》、2005年2月28日第十届全国人民代表大会常务委员会第十四次会议通过的《中华人民共和国刑法修正案（五）》、2006年6月29日第十届全国人民代表大会常务委员会第二十二次会议通过的《中华人民共和国刑法修正案（六）》、2009年2月28日第十一届全国人民代表大会常务委员会第七次会议通过的《中华人民共和国刑法修正案（七）》、2009年8月27日第十一届全国人民代表大会常务委员会第十次会议通过的《全国人民代表大会常务委员会关于修改部分法律的决定》、2011年2月25日第十一届全国人民代表大会常务委员会第十九次会议通过的《中华人民共和国刑法修正案（八）》、2015年8月29日第十二届全国人民代表大会常务委员会第十六次会议通过的《中华人民共和国刑法修正案（九）》、2017年11月4日第十二届全国人民代表大会常务委员会第三十次会议通过的《中华人民共和国刑法修正案（十）》、2020年12月26日第十三届全国人民代表大会常务委员会第二十四次会议通过的《中华人民共和国刑法修正案（十一）》和2023年12月29日第十四届全国人民代表大会常务委员会第七次会议通过的《中华人民共和国刑法修正案（十二）》修正)[①]

……

第二十五条 【共同犯罪概念】共同犯罪是指二人以上共同故意犯罪。

二人以上共同过失犯罪，不以共同犯罪论处；应当负刑事责任的，按照他们所犯的罪分别处罚。

第二十六条 【主犯】组织、领导犯罪集团进行犯罪活动的或者在共同犯罪中起主要作用的，是主犯。

三人以上为共同实施犯罪而组成的较为固定的犯罪组织，是犯罪集团。

对组织、领导犯罪集团的首要分子，按照集团所犯的全部罪行处罚。

对于第三款规定以外的主犯，应当按照其所参与的或者组织、指挥的全部犯罪处罚。

第二十七条 【从犯】在共同犯罪中起次要或者辅助作用的，是从犯。

对于从犯，应当从轻、减轻处罚或者免除处罚。

……

第一百七十七条 【伪造、变造金融票证罪】有下列情形之一，伪造、变造金融票证的，处五年以下有期徒刑或者拘役，并处或者单处二万元以上二十万元以下罚金；情节严重的，处五年以上十年以下有期徒刑，并处五万元以上五十万元以下罚金；情节特别严重的，处十年以上有期徒刑或者无期徒刑，并处五万元以上五十万元以下罚金或者没收财产：

（一）伪造、变造汇票、本票、支票的；

[①] 刑法、历次刑法修正案、涉及修改刑法的决定的施行日期，分别依据各法律所规定的施行日期确定。另，总则部分条文主旨为编者所加，分则部分条文主旨是根据司法解释确定罪名所加。

（二）伪造、变造委托收款凭证、汇款凭证、银行存单等其他银行结算凭证的；

（三）伪造、变造信用证或者附随的单据、文件的；

（四）伪造信用卡的。

单位犯前款罪的，对单位判处罚金，并对其直接负责的主管人员和其他直接责任人员，依照前款的规定处罚。

......

第一百九十一条 【洗钱罪】为掩饰、隐瞒毒品犯罪、黑社会性质的组织犯罪、恐怖活动犯罪、走私犯罪、贪污贿赂犯罪、破坏金融管理秩序犯罪、金融诈骗犯罪的所得及其产生的收益的来源和性质，有下列行为之一的，没收实施以上犯罪的所得及其产生的收益，处五年以下有期徒刑或者拘役，并处或者单处罚金；情节严重的，处五年以上十年以下有期徒刑，并处罚金：

（一）提供资金帐户的；

（二）将财产转换为现金、金融票据、有价证券的；

（三）通过转帐或者其他支付结算方式转移资金的；

（四）跨境转移资产的；

（五）以其他方法掩饰、隐瞒犯罪所得及其收益的来源和性质的。

单位犯前款罪的，对单位判处罚金，并对其直接负责的主管人员和其他直接责任人员，依照前款的规定处罚。

......

第一百九十六条 【信用卡诈骗罪】有下列情形之一，进行信用卡诈骗活动，数额较大的，处五年以下有期徒刑或者拘役，并处二万元以上二十万元以下罚金；数额巨大或者有其他严重情节的，处五年以上十年以下有期徒刑，并处五万元以上五十万元以下罚金；数额特别巨大或者有其他特别严重情节的，处十年以上有期徒刑或者无期徒刑，并处五万元以上五十万元以下罚金或者没收财产：

（一）使用伪造的信用卡，或者使用以虚假的身份证明骗领的信用卡的；

（二）使用作废的信用卡的；

（三）冒用他人信用卡的；

（四）恶意透支的。

前款所称恶意透支，是指持卡人以非法占有为目的，超过规定限额或者规定期限透支，并且经发卡银行催收后仍不归还的行为。

盗窃信用卡并使用的，依照本法第二百六十四条的规定定罪处罚。

......

第二百二十四条 【合同诈骗罪】有下列情形之一，以非法占有为目的，在签订、履行合同过程中，骗取对方当事人财物，数额较大的，处三年以下有期徒刑或者拘役，并处或者单处罚金；数额巨大或者有其他严重情节的，处三年以上十年以下有期徒刑，并处罚金；数额特别巨大或者有其他特别严重情节的，处十年以上有期徒刑或者无期徒刑，并处罚金或者没收财产：

（一）以虚构的单位或者冒用他人名义签订合同的；

（二）以伪造、变造、作废的票据或者其他虚假的产权证明作担保的；

（三）没有实际履行能力，以先履行小额合同或者部分履行合同的方法，诱骗对方当事人继续签订和履行合同的；

（四）收受对方当事人给付的货物、货款、预付款或者担保财产后逃匿的；

（五）以其他方法骗取对方当事人财物的。

……

第二百五十三条之一 【侵犯公民个人信息罪】违反国家有关规定，向他人出售或者提供公民个人信息，情节严重的，处三年以下有期徒刑或者拘役，并处或者单处罚金；情节特别严重的，处三年以上七年以下有期徒刑，并处罚金。

违反国家有关规定，将在履行职责或者提供服务过程中获得的公民个人信息，出售或者提供给他人的，依照前款的规定从重处罚。

窃取或者以其他方法非法获取公民个人信息的，依照第一款的规定处罚。

单位犯前三款罪的，对单位判处罚金，并对其直接负责的主管人员和其他直接责任人员，依照各该款的规定处罚。

……

第二百六十六条 【诈骗罪】诈骗公私财物，数额较大的，处三年以下有期徒刑、拘役或者管制，并处或者单处罚金；数额巨大或者有其他严重情节的，处三年以上十年以下有期徒刑，并处罚金；数额特别巨大或者有其他特别严重情节的，处十年以上有期徒刑或者无期徒刑，并处罚金或者没收财产。本法另有规定的，依照规定。

……

第二百八十六条 【破坏计算机信息系统罪】违反国家规定，对计算机信息系统功能进行删除、修改、增加、干扰，造成计算机信息系统不能正常运行，后果严重的，处五年以下有期徒刑或者拘役；后果特别严重的，处五年以上有期徒刑。

违反国家规定，对计算机信息系统中存储、处理或者传输的数据和应用程序进行删除、修改、增加的操作，后果严重的，依照前款的规定处罚。

故意制作、传播计算机病毒等破坏性程序，影响计算机系统正常运行，后果严重的，依照第一款的规定处罚。

单位犯前三款罪的，对单位判处罚金，并对其直接负责的主管人员和其他直接责任人员，依照第一款的规定处罚。

……

第二百八十七条之一　【非法利用信息网络罪】利用信息网络实施下列行为之一，情节严重的，处三年以下有期徒刑或者拘役，并处或者单处罚金：

（一）设立用于实施诈骗、传授犯罪方法、制作或者销售违禁物品、管制物品等违法犯罪活动的网站、通讯群组的；

（二）发布有关制作或者销售毒品、枪支、淫秽物品等违禁物品、管制物品或者其他违法犯罪信息的；

（三）为实施诈骗等违法犯罪活动发布信息的。

单位犯前款罪的，对单位判处罚金，并对其直接负责的主管人员和其他直接责任人员，依照第一款的规定处罚。

有前两款行为，同时构成其他犯罪的，依照处罚较重的规定定罪处罚。

第二百八十七条之二　【帮助信息网络犯罪活动罪】明知他人利用信息网络实施犯罪，为其犯罪提供互联网接入、服务器托管、网络存储、通讯传输等技术支持，或者提供广告推广、支付结算等帮助，情节严重的，处三年以下有期徒刑或者拘役，并处或者单处罚金。

单位犯前款罪的，对单位判处罚金，并对其直接负责的主管人员和其他直接责任人员，依照第一款的规定处罚。

有前两款行为，同时构成其他犯罪的，依照处罚较重的规定定罪处罚。

……

第三百一十二条　【掩饰、隐瞒犯罪所得、犯罪所得收益罪】明知是犯罪所得及其产生的收益而予以窝藏、转移、收购、代为销售或者以其他方法掩饰、隐瞒的，处三年以下有期徒刑、拘役或者管制，并处或者单处罚金；情节严重的，处三年以上七年以下有期徒刑，并处罚金。

单位犯前款罪的，对单位判处罚金，并对其直接负责的主管人员和其他直接责任人员，依照前款的规定处罚。

……

中华人民共和国民法典（节录）

（2020年5月28日第十三届全国人民代表大会第三次会议通过　2020年5月28日中华人民共和国主席令第45号公布　自2021年1月1日起施行）

……

第一百二十条　【侵权之债】民事权益受到侵害的，被侵权人有权请求侵权人承担侵权责任。

......

第一百八十六条 【违约责任与侵权责任的竞合】因当事人一方的违约行为，损害对方人身权益、财产权益的，受损害方有权选择请求其承担违约责任或者侵权责任。

......

第五百七十七条 【违约责任的种类】当事人一方不履行合同义务或者履行合同义务不符合约定的，应当承担继续履行、采取补救措施或者赔偿损失等违约责任。

......

第一千零三十二条 【隐私权及隐私】自然人享有隐私权。任何组织或者个人不得以刺探、侵扰、泄露、公开等方式侵害他人的隐私权。

隐私是自然人的私人生活安宁和不愿为他人知晓的私密空间、私密活动、私密信息。

......

第一千零三十四条 【个人信息保护】自然人的个人信息受法律保护。

个人信息是以电子或者其他方式记录的能够单独或者与其他信息结合识别特定自然人的各种信息，包括自然人的姓名、出生日期、身份证件号码、生物识别信息、住址、电话号码、电子邮箱、健康信息、行踪信息等。

个人信息中的私密信息，适用有关隐私权的规定；没有规定的，适用有关个人信息保护的规定。

......

第一千一百六十五条 【过错责任原则与过错推定责任】行为人因过错侵害他人民事权益造成损害的，应当承担侵权责任。

依照法律规定推定行为人有过错，其不能证明自己没有过错的，应当承担侵权责任。

......

第一千一百六十七条 【危及他人人身、财产安全的责任承担方式】侵权行为危及他人人身、财产安全的，被侵权人有权请求侵权人承担停止侵害、排除妨碍、消除危险等侵权责任。

......

第一千一百九十四条 【网络侵权责任】网络用户、网络服务提供者利用网络侵害他人民事权益的，应当承担侵权责任。法律另有规定的，依照其规定。

......

中华人民共和国刑事诉讼法（节录）

（1979年7月1日第五届全国人民代表大会第二次会议通过　根据1996年3月17日第八届全国人民代表大会第四次会议《关于修改〈中华人民共和国刑事诉讼法〉的决定》第一次修正　根据2012年3月14日第十一届全国人民代表大会第五次会议《关于修改〈中华人民共和国刑事诉讼法〉的决定》第二次修正　根据2018年10月26日第十三届全国人民代表大会常务委员会第六次会议《关于修改〈中华人民共和国刑事诉讼法〉的决定》第三次修正）

第一编　总　　则

……

第二章　管　　辖

第十九条　【立案管辖】刑事案件的侦查由公安机关进行，法律另有规定的除外。

人民检察院在对诉讼活动实行法律监督中发现的司法工作人员利用职权实施的非法拘禁、刑讯逼供、非法搜查等侵犯公民权利、损害司法公正的犯罪，可以由人民检察院立案侦查。对于公安机关管辖的国家机关工作人员利用职权实施的重大犯罪案件，需要由人民检察院直接受理的时候，经省级以上人民检察院决定，可以由人民检察院立案侦查。

自诉案件，由人民法院直接受理。

第二十条　【基层法院管辖】基层人民法院管辖第一审普通刑事案件，但是依照本法由上级人民法院管辖的除外。

第二十一条　【中级法院管辖】中级人民法院管辖下列第一审刑事案件：

（一）危害国家安全、恐怖活动案件；

（二）可能判处无期徒刑、死刑的案件。

第二十二条　【高级法院管辖】高级人民法院管辖的第一审刑事案件，是全省（自治区、直辖市）性的重大刑事案件。

第二十三条　【最高法院管辖】最高人民法院管辖的第一审刑事案件，是全国性的重大刑事案件。

第二十四条 【级别管辖变通】上级人民法院在必要的时候，可以审判下级人民法院管辖的第一审刑事案件；下级人民法院认为案情重大、复杂需要由上级人民法院审判的第一审刑事案件，可以请求移送上一级人民法院审判。

第二十五条 【地区管辖】刑事案件由犯罪地的人民法院管辖。如果由被告人居住地的人民法院审判更为适宜的，可以由被告人居住地的人民法院管辖。

第二十六条 【优先管辖】【移送管辖】几个同级人民法院都有权管辖的案件，由最初受理的人民法院审判。在必要的时候，可以移送主要犯罪地的人民法院审判。

第二十七条 【指定管辖】上级人民法院可以指定下级人民法院审判管辖不明的案件，也可以指定下级人民法院将案件移送其他人民法院审判。

第二十八条 【专门管辖】专门人民法院案件的管辖另行规定。

……

第二编 立案、侦查和提起公诉

……

第二章 侦 查

第一节 一 般 规 定

第一百一十五条 【侦查】公安机关对已经立案的刑事案件，应当进行侦查，收集、调取犯罪嫌疑人有罪或者无罪、罪轻或者罪重的证据材料。对现行犯或者重大嫌疑分子可以依法先行拘留，对符合逮捕条件的犯罪嫌疑人，应当依法逮捕。

第一百一十六条 【预审】公安机关经过侦查，对有证据证明有犯罪事实的案件，应当进行预审，对收集、调取的证据材料予以核实。

第一百一十七条 【对违法侦查的申诉、控告与处理】当事人和辩护人、诉讼代理人、利害关系人对于司法机关及其工作人员有下列行为之一的，有权向该机关申诉或者控告：

（一）采取强制措施法定期限届满，不予以释放、解除或者变更的；

（二）应当退还取保候审保证金不退还的；

（三）对与案件无关的财物采取查封、扣押、冻结措施的；

（四）应当解除查封、扣押、冻结不解除的；

（五）贪污、挪用、私分、调换、违反规定使用查封、扣押、冻结的财物的。

受理申诉或者控告的机关应当及时处理。对处理不服的，可以向同级人民检察院申诉；人民检察院直接受理的案件，可以向上一级人民检察院申诉。人民检察院对申诉应当及时进行审查，情况属实的，通知有关机关予以纠正。

第二节 讯问犯罪嫌疑人

第一百一十八条 【讯问的主体】【对被羁押犯罪嫌疑人讯问地点】讯问犯罪嫌疑人必须由人民检察院或者公安机关的侦查人员负责进行。讯问的时候，侦查人员不得少于二人。

犯罪嫌疑人被送交看守所羁押以后，侦查人员对其进行讯问，应当在看守所内进行。

第一百一十九条 【传唤、拘传讯问的地点、持续期间及权利保障】对不需要逮捕、拘留的犯罪嫌疑人，可以传唤到犯罪嫌疑人所在市、县内的指定地点或者到他的住处进行讯问，但是应当出示人民检察院或者公安机关的证明文件。对在现场发现的犯罪嫌疑人，经出示工作证件，可以口头传唤，但应当在讯问笔录中注明。

传唤、拘传持续的时间不得超过十二小时；案情特别重大、复杂，需要采取拘留、逮捕措施的，传唤、拘传持续的时间不得超过二十四小时。

不得以连续传唤、拘传的形式变相拘禁犯罪嫌疑人。传唤、拘传犯罪嫌疑人，应当保证犯罪嫌疑人的饮食和必要的休息时间。

第一百二十条 【讯问程序】侦查人员在讯问犯罪嫌疑人的时候，应当首先讯问犯罪嫌疑人是否有犯罪行为，让他陈述有罪的情节或者无罪的辩解，然后向他提出问题。犯罪嫌疑人对侦查人员的提问，应当如实回答。但是对与本案无关的问题，有拒绝回答的权利。

侦查人员在讯问犯罪嫌疑人的时候，应当告知犯罪嫌疑人享有的诉讼权利，如实供述自己罪行可以从宽处理和认罪认罚的法律规定。

第一百二十一条 【对聋、哑犯罪嫌疑人讯问的要求】讯问聋、哑的犯罪嫌疑人，应当有通晓聋、哑手势的人参加，并且将这种情况记明笔录。

第一百二十二条 【讯问笔录】讯问笔录应当交犯罪嫌疑人核对，对于没有阅读能力的，应当向他宣读。如果记载有遗漏或者差错，犯罪嫌疑人可以提出补充或者改正。犯罪嫌疑人承认笔录没有错误后，应当签名或者盖章。侦查人员也应当在笔录上签名。犯罪嫌疑人请求自行书写供述的，应当准许。必要的时候，侦查人员也可以要犯罪嫌疑人亲笔书写供词。

第一百二十三条 【讯问过程录音录像】侦查人员在讯问犯罪嫌疑人的时候，可以对讯问过程进行录音或者录像；对于可能判处无期徒刑、死刑的案件或者其他重大犯罪案件，应当对讯问过程进行录音或者录像。

录音或者录像应当全程进行，保持完整性。

第三节 询问证人

第一百二十四条 【询问证人的地点、方式】侦查人员询问证人，可以在现场进行，也可以到证人所在单位、住处或者证人提出的地点进行，在必要的时候，可以通知证人到人民检察院或者公安机关提供证言。在现场询问证人，应当出示工作证件，到证人所在单位、住处或者证人提出的地点询问证人，应当出示人民检察院或者公安机关的证明文件。

询问证人应当个别进行。

第一百二十五条 【询问证人的告知事项】询问证人，应当告知他应当如实地提供证据、证言和有意作伪证或者隐匿罪证要负的法律责任。

第一百二十六条 【询问证人笔录】本法第一百二十二条的规定，也适用于询问证人。

第一百二十七条 【询问被害人的法律适用】询问被害人，适用本节各条规定。

第四节 勘验、检查

第一百二十八条 【勘验、检查的主体和范围】侦查人员对于与犯罪有关的场所、物品、人身、尸体应当进行勘验或者检查。在必要的时候，可以指派或者聘请具有专门知识的人，在侦查人员的主持下进行勘验、检查。

第一百二十九条 【犯罪现场保护】任何单位和个人，都有义务保护犯罪现场，并且立即通知公安机关派员勘验。

第一百三十条 【勘验、检查的手续】侦查人员执行勘验、检查，必须持有人民检察院或者公安机关的证明文件。

第一百三十一条 【尸体解剖】对于死因不明的尸体，公安机关有权决定解剖，并且通知死者家属到场。

第一百三十二条 【对被害人、犯罪嫌疑人的人身检查】为了确定被害人、犯罪嫌疑人的某些特征、伤害情况或者生理状态，可以对人身进行检查，可以提取指纹信息，采集血液、尿液等生物样本。

犯罪嫌疑人如果拒绝检查，侦查人员认为必要的时候，可以强制检查。

检查妇女的身体，应当由女工作人员或者医师进行。

第一百三十三条 【勘验、检查笔录制作】勘验、检查的情况应当写成笔录，由参加勘验、检查的人和见证人签名或者盖章。

第一百三十四条 【复验、复查】人民检察院审查案件的时候，对公安机关的勘验、检查，认为需要复验、复查时，可以要求公安机关复验、复查，并且可以派检察人员参加。

第一百三十五条 【侦查实验】为了查明案情，在必要的时候，经公安机关负责人批准，可以进行侦查实验。

侦查实验的情况应当写成笔录，由参加实验的人签名或者盖章。

侦查实验，禁止一切足以造成危险、侮辱人格或者有伤风化的行为。

第五节 搜 查

第一百三十六条 【搜查的主体和范围】为了收集犯罪证据、查获犯罪人，侦查人员可以对犯罪嫌疑人以及可能隐藏罪犯或者犯罪证据的人的身体、物品、住处和其他有关的地方进行搜查。

第一百三十七条 【协助义务】任何单位和个人，有义务按照人民检察院和公安机关的要求，交出可以证明犯罪嫌疑人有罪或者无罪的物证、书证、视听资料等证据。

第一百三十八条 【持证搜查与无证搜查】进行搜查，必须向被搜查人出示搜查证。

在执行逮捕、拘留的时候，遇有紧急情况，不另用搜查证也可以进行搜查。

第一百三十九条 【搜查程序】在搜查的时候，应当有被搜查人或者他的家属，邻居或者其他见证人在场。

搜查妇女的身体，应当由女工作人员进行。

第一百四十条 【搜查笔录制作】搜查的情况应当写成笔录，由侦查人员和被搜查人或者他的家属，邻居或者其他见证人签名或者盖章。如果被搜查人或者他的家属在逃或者拒绝签名、盖章，应当在笔录上注明。

第六节 查封、扣押物证、书证

第一百四十一条 【查封、扣押的范围及保管、封存】在侦查活动中发现的可用以证明犯罪嫌疑人有罪或者无罪的各种财物、文件，应当查封、扣押；与案件无关的财物、文件，不得查封、扣押。

对查封、扣押的财物、文件，要妥善保管或者封存，不得使用、调换或者损毁。

第一百四十二条 【查封、扣押清单】对查封、扣押的财物、文件，应当会同在场见证人和被查封、扣押财物、文件持有人查点清楚，当场开列清单一式二份，由侦查人员、见证人和持有人签名或者盖章，一份交给持有人，另一份附卷备查。

第一百四十三条　【扣押邮件、电报的程序】侦查人员认为需要扣押犯罪嫌疑人的邮件、电报的时候，经公安机关或者人民检察院批准，即可通知邮电机关将有关的邮件、电报检交扣押。

不需要继续扣押的时候，应即通知邮电机关。

第一百四十四条　【查询、冻结犯罪嫌疑人财产的程序】人民检察院、公安机关根据侦查犯罪的需要，可以依照规定查询、冻结犯罪嫌疑人的存款、汇款、债券、股票、基金份额等财产。有关单位和个人应当配合。

犯罪嫌疑人的存款、汇款、债券、股票、基金份额等财产已被冻结的，不得重复冻结。

第一百四十五条　【查封、扣押、冻结的解除】对查封、扣押的财物、文件、邮件、电报或者冻结的存款、汇款、债券、股票、基金份额等财产，经查明确实与案件无关的，应当在三日以内解除查封、扣押、冻结，予以退还。

第七节　鉴　　定

第一百四十六条　【鉴定的启动】为了查明案情，需要解决案件中某些专门性问题的时候，应当指派、聘请有专门知识的人进行鉴定。

第一百四十七条　【鉴定意见的制作】【故意作虚假鉴定的责任】鉴定人进行鉴定后，应当写出鉴定意见，并且签名。

鉴定人故意作虚假鉴定的，应当承担法律责任。

第一百四十八条　【告知鉴定意见与补充鉴定、重新鉴定】侦查机关应当将用作证据的鉴定意见告知犯罪嫌疑人、被害人。如果犯罪嫌疑人、被害人提出申请，可以补充鉴定或者重新鉴定。

第一百四十九条　【对犯罪嫌疑人作精神病鉴定的期间】对犯罪嫌疑人作精神病鉴定的期间不计入办案期限。

第八节　技术侦查措施

第一百五十条　【技术侦查措施的适用范围和批准手续】公安机关在立案后，对于危害国家安全犯罪、恐怖活动犯罪、黑社会性质的组织犯罪、重大毒品犯罪或者其他严重危害社会的犯罪案件，根据侦查犯罪的需要，经过严格的批准手续，可以采取技术侦查措施。

人民检察院在立案后，对于利用职权实施的严重侵犯公民人身权利的重大犯罪案件，根据侦查犯罪的需要，经过严格的批准手续，可以采取技术侦查措施，按照规定交有关机关执行。

追捕被通缉或者批准、决定逮捕的在逃的犯罪嫌疑人、被告人，经过批准，可以采取追捕所必需的技术侦查措施。

第一百五十一条 【技术侦查措施的有效期限及其延长程序】批准决定应当根据侦查犯罪的需要，确定采取技术侦查措施的种类和适用对象。批准决定自签发之日起三个月以内有效。对于不需要继续采取技术侦查措施的，应当及时解除；对于复杂、疑难案件，期限届满仍有必要继续采取技术侦查措施的，经过批准，有效期可以延长，每次不得超过三个月。

第一百五十二条 【技术侦查措施的执行、保密及获取材料的用途限制】采取技术侦查措施，必须严格按照批准的措施种类、适用对象和期限执行。

侦查人员对采取技术侦查措施过程中知悉的国家秘密、商业秘密和个人隐私，应当保密；对采取技术侦查措施获取的与案件无关的材料，必须及时销毁。

采取技术侦查措施获取的材料，只能用于对犯罪的侦查、起诉和审判，不得用于其他用途。

公安机关依法采取技术侦查措施，有关单位和个人应当配合，并对有关情况予以保密。

第一百五十三条 【隐匿身份侦查及其限制】【控制下交付的适用范围】为了查明案情，在必要的时候，经公安机关负责人决定，可以由有关人员隐匿其身份实施侦查。但是，不得诱使他人犯罪，不得采用可能危害公共安全或者发生重大人身危险的方法。

对涉及给付毒品等违禁品或者财物的犯罪活动，公安机关根据侦查犯罪的需要，可以依照规定实施控制下交付。

第一百五十四条 【技术侦查措施收集材料用作证据的特别规定】依照本节规定采取侦查措施收集的材料在刑事诉讼中可以作为证据使用。如果使用该证据可能危及有关人员的人身安全，或者可能产生其他严重后果的，应当采取不暴露有关人员身份、技术方法等保护措施，必要的时候，可以由审判人员在庭外对证据进行核实。

第九节 通 缉

第一百五十五条 【通缉令的发布】应当逮捕的犯罪嫌疑人如果在逃，公安机关可以发布通缉令，采取有效措施，追捕归案。

各级公安机关在自己管辖的地区以内，可以直接发布通缉令；超出自己管辖的地区，应当报请有权决定的上级机关发布。

第十节 侦查终结

第一百五十六条 【一般侦查羁押期限】对犯罪嫌疑人逮捕后的侦查羁押期限不得超过二个月。案情复杂、期限届满不能终结的案件，可以经上一级人民检察院批准延长一个月。

第一百五十七条 【特殊侦查羁押期限】因为特殊原因，在较长时间内不宜交付审判的特别重大复杂的案件，由最高人民检察院报请全国人民代表大会常务委员会批准延期审理。

第一百五十八条 【重大复杂案件的侦查羁押期限】下列案件在本法第一百五十六条规定的期限届满不能侦查终结的，经省、自治区、直辖市人民检察院批准或者决定，可以延长二个月：

（一）交通十分不便的边远地区的重大复杂案件；

（二）重大的犯罪集团案件；

（三）流窜作案的重大复杂案件；

（四）犯罪涉及面广，取证困难的重大复杂案件。

第一百五十九条 【重刑案件的侦查羁押期限】对犯罪嫌疑人可能判处十年有期徒刑以上刑罚，依照本法第一百五十八条规定延长期限届满，仍不能侦查终结的，经省、自治区、直辖市人民检察院批准或者决定，可以再延长二个月。

第一百六十条 【侦查羁押期限的重新计算】在侦查期间，发现犯罪嫌疑人另有重要罪行的，自发现之日起依照本法第一百五十六条的规定重新计算侦查羁押期限。

犯罪嫌疑人不讲真实姓名、住址，身份不明的，应当对其身份进行调查，侦查羁押期限自查清其身份之日起计算，但是不得停止对其犯罪行为的侦查取证。对于犯罪事实清楚，证据确实、充分，确实无法查明其身份的，也可以按其自报的姓名起诉、审判。

第一百六十一条 【听取辩护律师意见】在案件侦查终结前，辩护律师提出要求的，侦查机关应当听取辩护律师的意见，并记录在案。辩护律师提出书面意见的，应当附卷。

第一百六十二条 【侦查终结的条件和手续】公安机关侦查终结的案件，应当做到犯罪事实清楚，证据确实、充分，并且写出起诉意见书，连同案卷材料、证据一并移送同级人民检察院审查决定；同时将案件移送情况告知犯罪嫌疑人及其辩护律师。

犯罪嫌疑人自愿认罪的，应当记录在案，随案移送，并在起诉意见书中写明有关情况。

第一百六十三条　【撤销案件及其处理】在侦查过程中，发现不应对犯罪嫌疑人追究刑事责任的，应当撤销案件；犯罪嫌疑人已被逮捕的，应当立即释放，发给释放证明，并且通知原批准逮捕的人民检察院。

第十一节　人民检察院对直接受理的案件的侦查

第一百六十四条　【检察院自侦案件的法律适用】人民检察院对直接受理的案件的侦查适用本章规定。

第一百六十五条　【检察院自侦案件的逮捕、拘留】人民检察院直接受理的案件中符合本法第八十一条、第八十二条第四项、第五项规定情形，需要逮捕、拘留犯罪嫌疑人的，由人民检察院作出决定，由公安机关执行。

第一百六十六条　【检察院自侦案件中对被拘留人的讯问】人民检察院对直接受理的案件中被拘留的人，应当在拘留后的二十四小时以内进行讯问。在发现不应当拘留的时候，必须立即释放，发给释放证明。

第一百六十七条　【检察院自侦案件决定逮捕的期限】人民检察院对直接受理的案件中被拘留的人，认为需要逮捕的，应当在十四日以内作出决定。在特殊情况下，决定逮捕的时间可以延长一日至三日。对不需要逮捕的，应当立即释放；对需要继续侦查，并且符合取保候审、监视居住条件的，依法取保候审或者监视居住。

第一百六十八条　【检察院自侦案件侦查终结的处理】人民检察院侦查终结的案件，应当作出提起公诉、不起诉或者撤销案件的决定。

中华人民共和国网络安全法（节录）

（2016年11月7日第十二届全国人民代表大会常务委员会第二十四次会议通过　2016年11月7日中华人民共和国主席令第53号公布　自2017年6月1日起施行）

第一章　总　　则

第一条　【立法目的】为了保障网络安全，维护网络空间主权和国家安全、社会公共利益，保护公民、法人和其他组织的合法权益，促进经济社会信息化健康发展，制定本法。

……

第五条　【国家网络安全维护】 国家采取措施，监测、防御、处置来源于中华人民共和国境内外的网络安全风险和威胁，保护关键信息基础设施免受攻击、侵入、干扰和破坏，依法惩治网络违法犯罪活动，维护网络空间安全和秩序。

……

第九条　【网络运营者的义务】 网络运营者开展经营和服务活动，必须遵守法律、行政法规，尊重社会公德，遵守商业道德，诚实信用，履行网络安全保护义务，接受政府和社会的监督，承担社会责任。

第十条　【网络安全维护的总体要求】 建设、运营网络或者通过网络提供服务，应当依照法律、行政法规的规定和国家标准的强制性要求，采取技术措施和其他必要措施，保障网络安全、稳定运行，有效应对网络安全事件，防范网络违法犯罪活动，维护网络数据的完整性、保密性和可用性。

第十一条　【网络安全行业自律】 网络相关行业组织按照章程，加强行业自律，制定网络安全行为规范，指导会员加强网络安全保护，提高网络安全保护水平，促进行业健康发展。

第十二条　【网络使用者的权利和义务】 国家保护公民、法人和其他组织依法使用网络的权利，促进网络接入普及，提升网络服务水平，为社会提供安全、便利的网络服务，保障网络信息依法有序自由流动。

任何个人和组织使用网络应当遵守宪法法律，遵守公共秩序，尊重社会公德，不得危害网络安全，不得利用网络从事危害国家安全、荣誉和利益，煽动颠覆国家政权、推翻社会主义制度，煽动分裂国家、破坏国家统一，宣扬恐怖主义、极端主义，宣扬民族仇恨、民族歧视，传播暴力、淫秽色情信息，编造、传播虚假信息扰乱经济秩序和社会秩序，以及侵害他人名誉、隐私、知识产权和其他合法权益等活动。

第十三条　【未成年人网络保护】 国家支持研究开发有利于未成年人健康成长的网络产品和服务，依法惩治利用网络从事危害未成年人身心健康的活动，为未成年人提供安全、健康的网络环境。

第十四条　【危害网络安全行为的举报及处理】 任何个人和组织有权对危害网络安全的行为向网信、电信、公安等部门举报。收到举报的部门应当及时依法作出处理；不属于本部门职责的，应当及时移送有权处理的部门。

有关部门应当对举报人的相关信息予以保密，保护举报人的合法权益。

……

中华人民共和国反洗钱法

(2006年10月31日第十届全国人民代表大会常务委员会第二十四次会议通过 2006年10月31日中华人民共和国主席令第56号公布 自2007年1月1日起施行)

第一章 总 则

第一条 为了预防洗钱活动，维护金融秩序，遏制洗钱犯罪及相关犯罪，制定本法。

第二条 本法所称反洗钱，是指为了预防通过各种方式掩饰、隐瞒毒品犯罪、黑社会性质的组织犯罪、恐怖活动犯罪、走私犯罪、贪污贿赂犯罪、破坏金融管理秩序犯罪、金融诈骗犯罪等犯罪所得及其收益的来源和性质的洗钱活动，依照本法规定采取相关措施的行为。

第三条 在中华人民共和国境内设立的金融机构和按照规定应当履行反洗钱义务的特定非金融机构，应当依法采取预防、监控措施，建立健全客户身份识别制度、客户身份资料和交易记录保存制度、大额交易和可疑交易报告制度，履行反洗钱义务。

第四条 国务院反洗钱行政主管部门负责全国的反洗钱监督管理工作。国务院有关部门、机构在各自的职责范围内履行反洗钱监督管理职责。

国务院反洗钱行政主管部门、国务院有关部门、机构和司法机关在反洗钱工作中应当相互配合。

第五条 对依法履行反洗钱职责或者义务获得的客户身份资料和交易信息，应当予以保密；非依法律规定，不得向任何单位和个人提供。

反洗钱行政主管部门和其他依法负有反洗钱监督管理职责的部门、机构履行反洗钱职责获得的客户身份资料和交易信息，只能用于反洗钱行政调查。

司法机关依照本法获得的客户身份资料和交易信息，只能用于反洗钱刑事诉讼。

第六条 履行反洗钱义务的机构及其工作人员依法提交大额交易和可疑交易报告，受法律保护。

第七条 任何单位和个人发现洗钱活动，有权向反洗钱行政主管部门或者公安机关举报。接受举报的机关应当对举报人和举报内容保密。

第二章　反洗钱监督管理

第八条　国务院反洗钱行政主管部门组织、协调全国的反洗钱工作，负责反洗钱的资金监测，制定或者会同国务院有关金融监督管理机构制定金融机构反洗钱规章，监督、检查金融机构履行反洗钱义务的情况，在职责范围内调查可疑交易活动，履行法律和国务院规定的有关反洗钱的其他职责。

国务院反洗钱行政主管部门的派出机构在国务院反洗钱行政主管部门的授权范围内，对金融机构履行反洗钱义务的情况进行监督、检查。

第九条　国务院有关金融监督管理机构参与制定所监督管理的金融机构反洗钱规章，对所监督管理的金融机构提出按照规定建立健全反洗钱内部控制制度的要求，履行法律和国务院规定的有关反洗钱的其他职责。

第十条　国务院反洗钱行政主管部门设立反洗钱信息中心，负责大额交易和可疑交易报告的接收、分析，并按照规定向国务院反洗钱行政主管部门报告分析结果，履行国务院反洗钱行政主管部门规定的其他职责。

第十一条　国务院反洗钱行政主管部门为履行反洗钱资金监测职责，可以从国务院有关部门、机构获取所必需的信息，国务院有关部门、机构应当提供。

国务院反洗钱行政主管部门应当向国务院有关部门、机构定期通报反洗钱工作情况。

第十二条　海关发现个人出入境携带的现金、无记名有价证券超过规定金额的，应当及时向反洗钱行政主管部门通报。

前款应当通报的金额标准由国务院反洗钱行政主管部门会同海关总署规定。

第十三条　反洗钱行政主管部门和其他依法负有反洗钱监督管理职责的部门、机构发现涉嫌洗钱犯罪的交易活动，应当及时向侦查机关报告。

第十四条　国务院有关金融监督管理机构审批新设金融机构或者金融机构增设分支机构时，应当审查新机构反洗钱内部控制制度的方案；对于不符合本法规定的设立申请，不予批准。

第三章　金融机构反洗钱义务

第十五条　金融机构应当依照本法规定建立健全反洗钱内部控制制度，金融机构的负责人应当对反洗钱内部控制制度的有效实施负责。

金融机构应当设立反洗钱专门机构或者指定内设机构负责反洗钱工作。

第十六条　金融机构应当按照规定建立客户身份识别制度。

金融机构在与客户建立业务关系或者为客户提供规定金额以上的现金汇款、现钞兑换、票据兑付等一次性金融服务时，应当要求客户出示真实有效的身份证件或者其他身份证明文件，进行核对并登记。

客户由他人代理办理业务的，金融机构应当同时对代理人和被代理人的身份证件或者其他身份证明文件进行核对并登记。

与客户建立人身保险、信托等业务关系，合同的受益人不是客户本人的，金融机构还应当对受益人的身份证件或者其他身份证明文件进行核对并登记。

金融机构不得为身份不明的客户提供服务或者与其进行交易，不得为客户开立匿名账户或者假名账户。

金融机构对先前获得的客户身份资料的真实性、有效性或者完整性有疑问的，应当重新识别客户身份。

任何单位和个人在与金融机构建立业务关系或者要求金融机构为其提供一次性金融服务时，都应当提供真实有效的身份证件或者其他身份证明文件。

第十七条　金融机构通过第三方识别客户身份的，应当确保第三方已经采取符合本法要求的客户身份识别措施；第三方未采取符合本法要求的客户身份识别措施的，由该金融机构承担未履行客户身份识别义务的责任。

第十八条　金融机构进行客户身份识别，认为必要时，可以向公安、工商行政管理等部门核实客户的有关身份信息。

第十九条　金融机构应当按照规定建立客户身份资料和交易记录保存制度。

在业务关系存续期间，客户身份资料发生变更的，应当及时更新客户身份资料。

客户身份资料在业务关系结束后、客户交易信息在交易结束后，应当至少保存五年。

金融机构破产和解散时，应当将客户身份资料和客户交易信息移交国务院有关部门指定的机构。

第二十条　金融机构应当按照规定执行大额交易和可疑交易报告制度。

金融机构办理的单笔交易或者在规定期限内的累计交易超过规定金额或者发现可疑交易的，应当及时向反洗钱信息中心报告。

第二十一条　金融机构建立客户身份识别制度、客户身份资料和交易记录保存制度的具体办法，由国务院反洗钱行政主管部门会同国务院有关金融监督管理机构制定。金融机构大额交易和可疑交易报告的具体办法，由国务院反洗钱行政主管部门制定。

第二十二条　金融机构应当按照反洗钱预防、监控制度的要求，开展反洗钱培训和宣传工作。

第四章 反洗钱调查

第二十三条 国务院反洗钱行政主管部门或者其省一级派出机构发现可疑交易活动，需要调查核实的，可以向金融机构进行调查，金融机构应当予以配合，如实提供有关文件和资料。

调查可疑交易活动时，调查人员不得少于二人，并出示合法证件和国务院反洗钱行政主管部门或者其省一级派出机构出具的调查通知书。调查人员少于二人或者未出示合法证件和调查通知书的，金融机构有权拒绝调查。

第二十四条 调查可疑交易活动，可以询问金融机构有关人员，要求其说明情况。

询问应当制作询问笔录。询问笔录应当交被询问人核对。记载有遗漏或者差错的，被询问人可以要求补充或者更正。被询问人确认笔录无误后，应当签名或者盖章；调查人员也应当在笔录上签名。

第二十五条 调查中需要进一步核查的，经国务院反洗钱行政主管部门或者其省一级派出机构的负责人批准，可以查阅、复制被调查对象的账户信息、交易记录和其他有关资料；对可能被转移、隐藏、篡改或者毁损的文件、资料，可以予以封存。

调查人员封存文件、资料，应当会同在场的金融机构工作人员查点清楚，当场开列清单一式二份，由调查人员和在场的金融机构工作人员签名或者盖章，一份交金融机构，一份附卷备查。

第二十六条 经调查仍不能排除洗钱嫌疑的，应当立即向有管辖权的侦查机关报案。客户要求将调查所涉及的账户资金转往境外的，经国务院反洗钱行政主管部门负责人批准，可以采取临时冻结措施。

侦查机关接到报案后，对已依照前款规定临时冻结的资金，应当及时决定是否继续冻结。侦查机关认为需要继续冻结的，依照刑事诉讼法的规定采取冻结措施；认为不需要继续冻结的，应当立即通知国务院反洗钱行政主管部门，国务院反洗钱行政主管部门应当立即通知金融机构解除冻结。

临时冻结不得超过四十八小时。金融机构在按照国务院反洗钱行政主管部门的要求采取临时冻结措施后四十八小时内，未接到侦查机关继续冻结通知的，应当立即解除冻结。

第五章 反洗钱国际合作

第二十七条 中华人民共和国根据缔结或者参加的国际条约，或者按照平等互惠原则，开展反洗钱国际合作。

第二十八条　国务院反洗钱行政主管部门根据国务院授权,代表中国政府与外国政府和有关国际组织开展反洗钱合作,依法与境外反洗钱机构交换与反洗钱有关的信息和资料。

第二十九条　涉及追究洗钱犯罪的司法协助,由司法机关依照有关法律的规定办理。

第六章　法　律　责　任

第三十条　反洗钱行政主管部门和其他依法负有反洗钱监督管理职责的部门、机构从事反洗钱工作的人员有下列行为之一的,依法给予行政处分:

（一）违反规定进行检查、调查或者采取临时冻结措施的;

（二）泄露因反洗钱知悉的国家秘密、商业秘密或者个人隐私的;

（三）违反规定对有关机构和人员实施行政处罚的;

（四）其他不依法履行职责的行为。

第三十一条　金融机构有下列行为之一的,由国务院反洗钱行政主管部门或者其授权的设区的市一级以上派出机构责令限期改正;情节严重的,建议有关金融监督管理机构依法责令金融机构对直接负责的董事、高级管理人员和其他直接责任人员给予纪律处分:

（一）未按照规定建立反洗钱内部控制制度的;

（二）未按照规定设立反洗钱专门机构或者指定内设机构负责反洗钱工作的;

（三）未按照规定对职工进行反洗钱培训的。

第三十二条　金融机构有下列行为之一的,由国务院反洗钱行政主管部门或者其授权的设区的市一级以上派出机构责令限期改正;情节严重的,处二十万元以上五十万元以下罚款,并对直接负责的董事、高级管理人员和其他直接责任人员,处一万元以上五万元以下罚款:

（一）未按照规定履行客户身份识别义务的;

（二）未按照规定保存客户身份资料和交易记录的;

（三）未按照规定报送大额交易报告或者可疑交易报告的;

（四）与身份不明的客户进行交易或者为客户开立匿名账户、假名账户的;

（五）违反保密规定,泄露有关信息的;

（六）拒绝、阻碍反洗钱检查、调查的;

（七）拒绝提供调查材料或者故意提供虚假材料的。

金融机构有前款行为,致使洗钱后果发生的,处五十万元以上五百万元以下罚款,并对直接负责的董事、高级管理人员和其他直接责任人员处五万元以上五十万元以下罚款；情节特别严重的，反洗钱行政主管部门可以建议有关金融监督管理机构责令停业整顿或者吊销其经营许可证。

对有前两款规定情形的金融机构直接负责的董事、高级管理人员和其他直接责任人员，反洗钱行政主管部门可以建议有关金融监督管理机构依法责令金融机构给予纪律处分，或者建议依法取消其任职资格、禁止其从事有关金融行业工作。

第三十三条　违反本法规定，构成犯罪的，依法追究刑事责任。

第七章　附　　则

第三十四条　本法所称金融机构，是指依法设立的从事金融业务的政策性银行、商业银行、信用合作社、邮政储汇机构、信托投资公司、证券公司、期货经纪公司、保险公司以及国务院反洗钱行政主管部门确定并公布的从事金融业务的其他机构。

第三十五条　应当履行反洗钱义务的特定非金融机构的范围、其履行反洗钱义务和对其监督管理的具体办法，由国务院反洗钱行政主管部门会同国务院有关部门制定。

第三十六条　对涉嫌恐怖活动资金的监控适用本法；其他法律另有规定的，适用其规定。

第三十七条　本法自 2007 年 1 月 1 日起施行。

最高人民法院、最高人民检察院、公安部关于办理信息网络犯罪案件适用刑事诉讼程序若干问题的意见

（2022 年 8 月 26 日　法发〔2022〕23 号）

为依法惩治信息网络犯罪活动，根据《中华人民共和国刑法》《中华人民共和国刑事诉讼法》以及有关法律、司法解释的规定，结合侦查、起诉、审判实践，现就办理此类案件适用刑事诉讼程序问题提出以下意见。

一、关于信息网络犯罪案件的范围

1. 本意见所称信息网络犯罪案件包括：

（1）危害计算机信息系统安全犯罪案件；

（2）拒不履行信息网络安全管理义务、非法利用信息网络、帮助信息网络犯罪

活动的犯罪案件;

(3) 主要行为通过信息网络实施的诈骗、赌博、侵犯公民个人信息等其他犯罪案件。

二、关于信息网络犯罪案件的管辖

2. 信息网络犯罪案件由犯罪地公安机关立案侦查。必要时,可以由犯罪嫌疑人居住地公安机关立案侦查。

信息网络犯罪案件的犯罪地包括用于实施犯罪行为的网络服务使用的服务器所在地,网络服务提供者所在地,被侵害的信息网络系统及其管理者所在地,犯罪过程中犯罪嫌疑人、被害人或者其他涉案人员使用的信息网络系统所在地,被害人被侵害时所在地以及被害人财产遭受损失地等。

涉及多个环节的信息网络犯罪案件,犯罪嫌疑人为信息网络犯罪提供帮助的,其犯罪地、居住地或者被帮助对象的犯罪地公安机关可以立案侦查。

3. 有多个犯罪地的信息网络犯罪案件,由最初受理的公安机关或者主要犯罪地公安机关立案侦查。有争议的,按照有利于查清犯罪事实、有利于诉讼的原则,协商解决;经协商无法达成一致的,由共同上级公安机关指定有关公安机关立案侦查。需要提请批准逮捕、移送审查起诉、提起公诉的,由立案侦查的公安机关所在地的人民检察院、人民法院受理。

4. 具有下列情形之一的,公安机关、人民检察院、人民法院可以在其职责范围内并案处理:

(1) 一人犯数罪的;

(2) 共同犯罪的;

(3) 共同犯罪的犯罪嫌疑人、被告人还实施其他犯罪的;

(4) 多个犯罪嫌疑人、被告人实施的犯罪行为存在关联,并案处理有利于查明全部案件事实的。

对为信息网络犯罪提供程序开发、互联网接入、服务器托管、网络存储、通讯传输等技术支持,或者广告推广、支付结算等帮助,涉嫌犯罪的,可以依照第一款的规定并案侦查。

有关公安机关依照前两款规定并案侦查的案件,需要提请批准逮捕、移送审查起诉、提起公诉的,由该公安机关所在地的人民检察院、人民法院受理。

5. 并案侦查的共同犯罪或者关联犯罪案件,犯罪嫌疑人人数众多、案情复杂的,公安机关可以分案移送审查起诉。分案移送审查起诉的,应当对并案侦查的依据、分案移送审查起诉的理由作出说明。

对于前款规定的案件,人民检察院可以分案提起公诉,人民法院可以分案审理。

分案处理应当以有利于保障诉讼质量和效率为前提，并不得影响当事人质证权等诉讼权利的行使。

6. 依照前条规定分案处理，公安机关、人民检察院、人民法院在分案前有管辖权的，分案后对相关案件的管辖权不受影响。根据具体情况，分案处理的相关案件可以由不同审级的人民法院分别审理。

7. 对于共同犯罪或者已并案侦查的关联犯罪案件，部分犯罪嫌疑人未到案，但不影响对已到案共同犯罪或者关联犯罪的犯罪嫌疑人、被告人的犯罪事实认定的，可以先行追究已到案犯罪嫌疑人、被告人的刑事责任。之前未到案的犯罪嫌疑人、被告人归案后，可以由原办案机关所在地公安机关、人民检察院、人民法院管辖其所涉及的案件。

8. 对于具有特殊情况，跨省（自治区、直辖市）指定异地公安机关侦查更有利于查清犯罪事实、保证案件公正处理的重大信息网络犯罪案件，以及在境外实施的信息网络犯罪案件，公安部可以商最高人民检察院和最高人民法院指定侦查管辖。

9. 人民检察院对于审查起诉的案件，按照刑事诉讼法的管辖规定，认为应当由上级人民检察院或者同级其他人民检察院起诉的，应当将案件移送有管辖权的人民检察院，并通知移送起诉的公安机关。人民检察院认为需要依照刑事诉讼法的规定指定审判管辖的，应当协商同级人民法院办理指定管辖有关事宜。

10. 犯罪嫌疑人被多个公安机关立案侦查的，有关公安机关一般应当协商并案处理，并依法移送案件。协商不成的，可以报请共同上级公安机关指定管辖。

人民检察院对于审查起诉的案件，发现犯罪嫌疑人还有犯罪被异地公安机关立案侦查的，应当通知移送审查起诉的公安机关。

人民法院对于提起公诉的案件，发现被告人还有其他犯罪被审查起诉、立案侦查的，可以协商人民检察院、公安机关并案处理，但可能造成审判过分迟延的除外。决定对有关犯罪并案处理，符合《中华人民共和国刑事诉讼法》第二百零四条规定的，人民检察院可以建议人民法院延期审理。

三、关于信息网络犯罪案件的调查核实

11. 公安机关对接受的案件或者发现的犯罪线索，在审查中发现案件事实或者线索不明，需要经过调查才能够确认是否达到刑事立案标准的，经公安机关办案部门负责人批准，可以进行调查核实；经过调查核实达到刑事立案标准的，应当及时立案。

12. 调查核实过程中，可以采取询问、查询、勘验、检查、鉴定、调取证据材料等不限制被调查对象人身、财产权利的措施，不得对被调查对象采取强制措施，不得查封、扣押、冻结被调查对象的财产，不得采取技术侦查措施。

13. 公安机关在调查核实过程中依法收集的电子数据等材料，可以根据有关规定作为证据使用。

调查核实过程中收集的材料作为证据使用的，应当随案移送，并附批准调查核实的相关材料。

调查核实过程中收集的证据材料经查证属实，且收集程序符合有关要求的，可以作为定案依据。

四、关于信息网络犯罪案件的取证

14. 公安机关向网络服务提供者调取电子数据的，应当制作调取证据通知书，注明需要调取的电子数据的相关信息。调取证据通知书及相关法律文书可以采用数据电文形式。跨地域调取电子数据的，可以通过公安机关信息化系统传输相关数据电文。

网络服务提供者向公安机关提供电子数据的，可以采用数据电文形式。采用数据电文形式提供电子数据的，应当保证电子数据的完整性，并制作电子证明文件，载明调证法律文书编号、单位电子公章、完整性校验值等保护电子数据完整性方法的说明等信息。

数据电文形式的法律文书和电子证明文件，应当使用电子签名、数字水印等方式保证完整性。

15. 询（讯）问异地证人、被害人以及与案件有关联的犯罪嫌疑人的，可以由办案地公安机关通过远程网络视频等方式进行并制作笔录。

远程询（讯）问的，应当由协作地公安机关事先核实被询（讯）问人的身份。办案地公安机关应当将询（讯）问笔录传输至协作地公安机关。询（讯）问笔录经被询（讯）问人确认并逐页签名、捺指印后，由协作地公安机关协作人员签名或者盖章，并将原件提供给办案地公安机关。询（讯）问人员收到笔录后，应当在首页右上方写明"于某年某月某日收到"，并签名或者盖章。

远程询（讯）问的，应当对询（讯）问过程同步录音录像，并随案移送。

异地证人、被害人以及与案件有关联的犯罪嫌疑人亲笔书写证词、供词的，参照执行本条第二款规定。

16. 人民检察院依法自行侦查、补充侦查，或者人民法院调查核实相关证据的，适用本意见第 14 条、第 15 条的有关规定。

17. 对于依照本意见第 14 条的规定调取的电子数据，人民检察院、人民法院可以通过核验电子签名、数字水印、电子数据完整性校验值及调证法律文书编号是否与证明文件相一致等方式，对电子数据进行审查判断。

对调取的电子数据有疑问的，由公安机关、提供电子数据的网络服务提供者作出说明，或者由原调取机关补充收集相关证据。

五、关于信息网络犯罪案件的其他问题

18. 采取技术侦查措施收集的材料作为证据使用的，应当随案移送，并附采取技术侦查措施的法律文书、证据材料清单和有关说明材料。

移送采取技术侦查措施收集的视听资料、电子数据的，应当由两名以上侦查人员制作复制件，并附制作说明，写明原始证据材料、原始存储介质的存放地点等信息，由制作人签名，并加盖单位印章。

19. 采取技术侦查措施收集的证据材料，应当经过当庭出示、辨认、质证等法庭调查程序查证。

当庭调查技术侦查证据材料可能危及有关人员的人身安全，或者可能产生其他严重后果的，法庭应当采取不暴露有关人员身份和技术侦查措施使用的技术设备、技术方法等保护措施。必要时，审判人员可以在庭外对证据进行核实。

20. 办理信息网络犯罪案件，对于数量特别众多且具有同类性质、特征或者功能的物证、书证、证人证言、被害人陈述、视听资料、电子数据等证据材料，确因客观条件限制无法逐一收集的，应当按照一定比例或者数量选取证据，并对选取情况作出说明和论证。

人民检察院、人民法院应当重点审查取证方法、过程是否科学。经审查认为取证不科学的，应当由原取证机关作出补充说明或者重新取证。

人民检察院、人民法院应当结合其他证据材料，以及犯罪嫌疑人、被告人及其辩护人所提辩解、辩护意见，审查认定取得的证据。经审查，对相关事实不能排除合理怀疑的，应当作出有利于犯罪嫌疑人、被告人的认定。

21. 对于涉案人数特别众多的信息网络犯罪案件，确因客观条件限制无法收集证据逐一证明、逐人核实涉案账户的资金来源，但根据银行账户、非银行支付账户等交易记录和其他证据材料，足以认定有关账户主要用于接收、流转涉案资金的，可以按照该账户接收的资金数额认定犯罪数额，但犯罪嫌疑人、被告人能够作出合理说明的除外。案外人提出异议的，应当依法审查。

22. 办理信息网络犯罪案件，应当依法及时查封、扣押、冻结涉案财物，督促涉案人员退赃退赔，及时追赃挽损。

公安机关应当全面收集证明涉案财物性质、权属情况、依法应予追缴、没收或者责令退赔的证据材料，在移送审查起诉时随案移送并作出说明。其中，涉案财物需要返还被害人的，应当尽可能查明被害人损失情况。人民检察院应当对涉案财物的证据材料进行审查，在提起公诉时提出处理意见。人民法院应当依法作出判决，对涉案财物作出处理。

对应当返还被害人的合法财产，权属明确的，应当依法及时返还；权属不明的，应当在人民法院判决、裁定生效后，按比例返还被害人，但已获退赔的部分应予扣除。

23. 本意见自 2022 年 9 月 1 日起施行。《最高人民法院、最高人民检察院、公安部关于办理网络犯罪案件适用刑事诉讼程序若干问题的意见》（公通字〔2014〕10 号）同时废止。

最高人民法院、最高人民检察院、公安部关于办理电信网络诈骗等刑事案件适用法律若干问题的意见（二）

（2021 年 6 月 17 日　法发〔2021〕22 号）

为进一步依法严厉惩治电信网络诈骗犯罪，对其上下游关联犯罪实行全链条、全方位打击，根据《中华人民共和国刑法》《中华人民共和国刑事诉讼法》等法律和有关司法解释的规定，针对司法实践中出现的新的突出问题，结合工作实际，制定本意见。

一、电信网络诈骗犯罪地，除《最高人民法院、最高人民检察院、公安部关于办理电信网络诈骗等刑事案件适用法律若干问题的意见》规定的犯罪行为发生地和结果发生地外，还包括：

（一）用于犯罪活动的手机卡、流量卡、物联网卡的开立地、销售地、转移地、藏匿地；

（二）用于犯罪活动的信用卡的开立地、销售地、转移地、藏匿地、使用地以及资金交易对手资金交付和汇出地；

（三）用于犯罪活动的银行账户、非银行支付账户的开立地、销售地、使用地以及资金交易对手资金交付和汇出地；

（四）用于犯罪活动的即时通讯信息、广告推广信息的发送地、接受地、到达地；

（五）用于犯罪活动的"猫池"（Modem Pool）、GOIP 设备、多卡宝等硬件设备的销售地、入网地、藏匿地；

（六）用于犯罪活动的互联网账号的销售地、登录地。

二、为电信网络诈骗犯罪提供作案工具、技术支持等帮助以及掩饰、隐瞒犯罪所得及其产生的收益，由此形成多层级犯罪链条的，或者利用同一网站、通讯群组、资金账户、作案窝点实施电信网络诈骗犯罪的，应当认定为多个犯罪嫌疑人、被告人实施的犯罪存在关联，人民法院、人民检察院、公安机关可以在其职责范围内并案处理。

三、有证据证实行为人参加境外诈骗犯罪集团或犯罪团伙，在境外针对境内居民实施电信网络诈骗犯罪行为，诈骗数额难以查证，但一年内出境赴境外诈骗犯罪窝点累计时间30日以上或多次出境赴境外诈骗犯罪窝点的，应当认定为刑法第二百六十六条规定的"其他严重情节"，以诈骗罪依法追究刑事责任。有证据证明其出境从事正当活动的除外。

四、无正当理由持有他人的单位结算卡的，属于刑法第一百七十七条之一第一款第（二）项规定的"非法持有他人信用卡"。

五、非法获取、出售、提供具有信息发布、即时通讯、支付结算等功能的互联网账号密码、个人生物识别信息，符合刑法第二百五十三条之一规定的，以侵犯公民个人信息罪追究刑事责任。

对批量前述互联网账号密码、个人生物识别信息的条数，根据查获的数量直接认定，但有证据证明信息不真实或者重复的除外。

六、在网上注册办理手机卡、信用卡、银行账户、非银行支付账户时，为通过网上认证，使用他人身份证件信息并替换他人身份证件相片，属于伪造身份证件行为，符合刑法第二百八十条第三款规定的，以伪造身份证件罪追究刑事责任。

使用伪造、变造的身份证件或者盗用他人身份证件办理手机卡、信用卡、银行账户、非银行支付账户，符合刑法第二百八十条之一第一款规定的，以使用虚假身份证件、盗用身份证件罪追究刑事责任。

实施上述两款行为，同时构成其他犯罪的，依照处罚较重的规定定罪处罚。法律和司法解释另有规定的除外。

七、为他人利用信息网络实施犯罪而实施下列行为，可以认定为刑法第二百八十七条之二规定的"帮助"行为：

（一）收购、出售、出租信用卡、银行账户、非银行支付账户、具有支付结算功能的互联网账号密码、网络支付接口、网上银行数字证书的；

（二）收购、出售、出租他人手机卡、流量卡、物联网卡的。

八、认定刑法第二百八十七条之二规定的行为人明知他人利用信息网络实施犯罪，应当根据行为人收购、出售、出租前述第七条规定的信用卡、银行账户、非银行支付账户、具有支付结算功能的互联网账号密码、网络支付接口、网上银行数字证书，或者他人手机卡、流量卡、物联网卡等的次数、张数、个数，并结合行为人的认知能力、既往经历、交易对象、与实施信息网络犯罪的行为人的关系、提供技术支持或者帮助的时间和方式、获利情况以及行为人的供述等主客观因素，予以综合认定。

收购、出售、出租单位银行结算账户、非银行支付机构单位支付账户，或者电信、银行、网络支付等行业从业人员利用履行职责或提供服务便利，非法开办并出售、出租他人手机卡、信用卡、银行账户、非银行支付账户等的，可以认定为《最高人民法院、最高人民检察院关于办理非法利用信息网络、帮助信息网络犯罪活动等刑事案件适用法律若干问题的解释》第十一条第（七）项规定的"其他足以认定行为人明知的情形"。但有相反证据的除外。

九、明知他人利用信息网络实施犯罪，为其犯罪提供下列帮助之一的，可以认定为《最高人民法院、最高人民检察院关于办理非法利用信息网络、帮助信息网络犯罪活动等刑事案件适用法律若干问题的解释》第十二条第一款第（七）项规定的"其他情节严重的情形"：

（一）收购、出售、出租信用卡、银行账户、非银行支付账户、具有支付结算功能的互联网账号密码、网络支付接口、网上银行数字证书5张（个）以上的；

（二）收购、出售、出租他人手机卡、流量卡、物联网卡20张以上的。

十、电商平台预付卡、虚拟货币、手机充值卡、游戏点卡、游戏装备等经销商，在公安机关调查案件过程中，被明确告知其交易对象涉嫌电信网络诈骗犯罪，仍与其继续交易，符合刑法第二百八十七条之二规定的，以帮助信息网络犯罪活动罪追究刑事责任。同时构成其他犯罪的，依照处罚较重的规定定罪处罚。

十一、明知是电信网络诈骗犯罪所得及其产生的收益，以下列方式之一予以转账、套现、取现，符合刑法第三百一十二条第一款规定的，以掩饰、隐瞒犯罪所得、犯罪所得收益罪追究刑事责任。但有证据证明确实不知道的除外。

（一）多次使用或者使用多个非本人身份证明开设的收款码、网络支付接口等，帮助他人转账、套现、取现的；

（二）以明显异于市场的价格，通过电商平台预付卡、虚拟货币、手机充值卡、游戏点卡、游戏装备等转换财物、套现的；

（三）协助转换或者转移财物，收取明显高于市场的"手续费"的。

实施上述行为，事前通谋的，以共同犯罪论处；同时构成其他犯罪的，依照处罚较重的规定定罪处罚。法律和司法解释另有规定的除外。

十二、为他人实施电信网络诈骗犯罪提供技术支持、广告推广、支付结算等帮助，或者窝藏、转移、收购、代为销售及以其他方法掩饰、隐瞒电信网络诈骗犯罪所得及其产生的收益，诈骗犯罪行为可以确认，但实施诈骗的行为人尚未到案，可以依法先行追究已到案的上述犯罪嫌疑人、被告人的刑事责任。

十三、办案地公安机关可以通过公安机关信息化系统调取异地公安机关依法制作、收集的刑事案件受案登记表、立案决定书、被害人陈述等证据材料。调取时不得少于两名侦查人员，并应记载调取的时间、使用的信息化系统名称等相关信息，调取人签名并加盖办案地公安机关印章。经审核证明真实的，可以作为证据使用。

十四、通过国（区）际警务合作收集或者境外警方移交的境外证据材料，确因客观条件限制，境外警方未提供相关证据的发现、收集、保管、移交情况等材料的，公安机关应当对上述证据材料的来源、移交过程以及种类、数量、特征等作出书面说明，由两名以上侦查人员签名并加盖公安机关印章。经审核能够证明案件事实的，可以作为证据使用。

十五、对境外司法机关抓获并羁押的电信网络诈骗犯罪嫌疑人，在境内接受审判的，境外的羁押期限可以折抵刑期。

十六、办理电信网络诈骗犯罪案件，应当充分贯彻宽严相济刑事政策。在侦查、审查起诉、审判过程中，应当全面收集证据、准确甄别犯罪嫌疑人、被告人在共同犯罪中的层级地位及作用大小，结合其认罪态度和悔罪表现，区别对待，宽严并用，科学量刑，确保罚当其罪。

对于电信网络诈骗犯罪集团、犯罪团伙的组织者、策划者、指挥者和骨干分子，以及利用未成年人、在校学生、老年人、残疾人实施电信网络诈骗的，依法从严惩处。

对于电信网络诈骗犯罪集团、犯罪团伙中的从犯，特别是其中参与时间相对较短、诈骗数额相对较低或者从事辅助性工作并领取少量报酬，以及初犯、偶犯、未成年人、在校学生等，应当综合考虑其在共同犯罪中的地位作用、社会危害程度、主观恶性、人身危险性、认罪悔罪表现等情节，可以依法从轻、减轻处罚。犯罪情节轻微的，可以依法不起诉或者免于刑事处罚；情节显著轻微危害不大的，不以犯罪论处。

十七、查扣的涉案账户内资金，应当优先返还被害人，如不足以全额返还的，应当按照比例返还。

人民检察院办理网络犯罪案件规定

（2021年1月22日）

第一章 一般规定

第一条 为规范人民检察院办理网络犯罪案件，维护国家安全、网络安全、社会公共利益，保护公民、法人和其他组织的合法权益，根据《中华人民共和国刑事诉讼法》《人民检察院刑事诉讼规则》等规定，结合司法实践，制定本规定。

第二条 本规定所称网络犯罪是指针对信息网络实施的犯罪，利用信息网络实施的犯罪，以及其他上下游关联犯罪。

第三条 人民检察院办理网络犯罪案件应当加强全链条惩治，注重审查和发现上下游关联犯罪线索。对涉嫌犯罪，公安机关未立案侦查、应当提请批准逮捕而未提请批准逮捕或者应当移送起诉而未移送起诉的，依法进行监督。

第四条 人民检察院办理网络犯罪案件应当坚持惩治犯罪与预防犯罪并举，建立捕、诉、监、防一体的办案机制，加强以案释法，发挥检察建议的作用，促进有关部门、行业组织、企业等加强网络犯罪预防和治理，净化网络空间。

第五条 网络犯罪案件的管辖适用刑事诉讼法及其他相关规定。

有多个犯罪地的，按照有利于查清犯罪事实、有利于保护被害人合法权益、保证案件公正处理的原则确定管辖。

因跨区域犯罪、共同犯罪、关联犯罪等原因存在管辖争议的，由争议的人民检察院协商解决，协商不成的，报请共同的上级人民检察院指定管辖。

第六条 人民检察院办理网络犯罪案件应当发挥检察一体化优势，加强跨区域协作办案，强化信息互通、证据移交、技术协作，增强惩治网络犯罪的合力。

第七条 人民检察院办理网络犯罪案件应当加强对电子数据收集、提取、保全、固定等的审查，充分运用同一电子数据往往具有的多元关联证明作用，综合运用电子数据与其他证据，准确认定案件事实。

第八条 建立检察技术人员、其他有专门知识的人参与网络犯罪案件办理制度。根据案件办理需要，吸收检察技术人员加入办案组辅助案件办理。积极探索运用大数据、云计算、人工智能等信息技术辅助办案，提高网络犯罪案件办理的专业化水平。

第九条 人民检察院办理网络犯罪案件，对集团犯罪或者涉案人数众多的，根据行为人的客观行为、主观恶性、犯罪情节及地位、作用等综合判断责任轻重和刑事追究的必要性，按照区别对待原则分类处理，依法追诉。

第十条 人民检察院办理网络犯罪案件应当把追赃挽损贯穿始终，主动加强与有关机关协作，保证及时查封、扣押、冻结涉案财物，阻断涉案财物移转链条，督促涉案人员退赃退赔。

第二章 引导取证和案件审查

第十一条 人民检察院办理网络犯罪案件应当重点围绕主体身份同一性、技术手段违法性、上下游行为关联性等方面全面审查案件事实和证据，注重电子数据与其他证据之间的相互印证，构建完整的证据体系。

第十二条 经公安机关商请，根据追诉犯罪的需要，人民检察院可以派员适时介入重大、疑难、复杂网络犯罪案件的侦查活动，并对以下事项提出引导取证意见：

（一）案件的侦查方向及可能适用的罪名；

（二）证据的收集、提取、保全、固定、检验、分析等；

（三）关联犯罪线索；

（四）追赃挽损工作；

（五）其他需要提出意见的事项。

人民检察院开展引导取证活动时，涉及专业性问题的，可以指派检察技术人员共同参与。

第十三条 人民检察院可以通过以下方式了解案件办理情况：

（一）查阅案件材料；

（二）参加公安机关对案件的讨论；

（三）了解讯（询）问犯罪嫌疑人、被害人、证人的情况；

（四）了解、参与电子数据的收集、提取；

（五）其他方式。

第十四条 人民检察院介入网络犯罪案件侦查活动，发现关联犯罪或其他新的犯罪线索，应当建议公安机关依法立案或移送相关部门；对于犯罪嫌疑人不构成犯罪的，依法监督公安机关撤销案件。

第十五条 人民检察院可以根据案件侦查情况，向公安机关提出以下取证意见：

（一）能够扣押、封存原始存储介质的，及时扣押、封存；

（二）扣押可联网设备时，及时采取信号屏蔽、信号阻断或者切断电源等方式，防止电子数据被远程破坏；

（三）及时提取账户密码及相应数据，如电子设备、网络账户、应用软件等的账户密码，以及存储于其中的聊天记录、电子邮件、交易记录等；

（四）及时提取动态数据，如内存数据、缓存数据、网络连接数据等；

（五）及时提取依赖于特定网络环境的数据，如点对点网络传输数据、虚拟专线网络中的数据等；

（六）及时提取书证、物证等客观证据，注意与电子数据相互印证。

第十六条 对于批准逮捕后要求公安机关继续侦查、不批准逮捕后要求公安机关补充侦查或者审查起诉退回公安机关补充侦查的网络犯罪案件，人民检察院应当重点围绕本规定第十二条第一款规定的事项，有针对性地制作继续侦查提纲或者补充侦查提纲。对于专业性问题，应当听取检察技术人员或者其他有专门知识的人的意见。

人民检察院应当及时了解案件继续侦查或者补充侦查的情况。

第十七条 认定网络犯罪的犯罪嫌疑人，应当结合全案证据，围绕犯罪嫌疑人与原始存储介质、电子数据的关联性、犯罪嫌疑人网络身份与现实身份的同一性，注重审查以下内容：

（一）扣押、封存的原始存储介质是否为犯罪嫌疑人所有、持有或者使用；

（二）社交、支付结算、网络游戏、电子商务、物流等平台的账户信息、身份认证信息、数字签名、生物识别信息等是否与犯罪嫌疑人身份关联；

（三）通话记录、短信、聊天信息、文档、图片、语音、视频等文件内容是否能够反映犯罪嫌疑人的身份；

（四）域名、IP 地址、终端 MAC 地址、通信基站信息等是否能够反映电子设备为犯罪嫌疑人所使用；

（五）其他能够反映犯罪嫌疑人主体身份的内容。

第十八条 认定犯罪嫌疑人的客观行为，应当结合全案证据，围绕其利用的程序工具、技术手段的功能及其实现方式、犯罪行为和结果之间的关联性，注重审查以下内容：

（一）设备信息、软件程序代码等作案工具；

（二）系统日志、域名、IP 地址、WiFi 信息、地理位置信息等是否能够反映犯罪嫌疑人的行为轨迹；

（三）操作记录、网络浏览记录、物流信息、交易结算记录、即时通信信息等是否能够反映犯罪嫌疑人的行为内容；

（四）其他能够反映犯罪嫌疑人客观行为的内容。

第十九条 认定犯罪嫌疑人的主观方面，应当结合犯罪嫌疑人的认知能力、专业水平、既往经历、人员关系、行为次数、获利情况等综合认定，注重审查以下内容：

（一）反映犯罪嫌疑人主观故意的聊天记录、发布内容、浏览记录等；

（二）犯罪嫌疑人行为是否明显违背系统提示要求、正常操作流程；

（三）犯罪嫌疑人制作、使用或者向他人提供的软件程序是否主要用于违法犯罪活动；

（四）犯罪嫌疑人支付结算的对象、频次、数额等是否明显违反正常交易习惯；

（五）犯罪嫌疑人是否频繁采用隐蔽上网、加密通信、销毁数据等措施或者使用虚假身份；

（六）其他能够反映犯罪嫌疑人主观方面的内容。

第二十条 认定犯罪行为的情节和后果，应当结合网络空间、网络行为的特性，从违法所得、经济损失、信息系统的破坏、网络秩序的危害程度以及对被害人的侵害程度等综合判断，注重审查以下内容：

（一）聊天记录、交易记录、音视频文件、数据库信息等能够反映犯罪嫌疑人违法所得、获取和传播数据及文件的性质、数量的内容；

（二）账号数量、信息被点击次数、浏览次数、被转发次数等能够反映犯罪行为对网络空间秩序产生影响的内容；

（三）受影响的计算机信息系统数量、服务器日志信息等能够反映犯罪行为对信息网络运行造成影响程度的内容；

（四）被害人数量、财产损失数额、名誉侵害的影响范围等能够反映犯罪行为对被害人的人身、财产等造成侵害的内容；

（五）其他能够反映犯罪行为情节、后果的内容。

第二十一条 人民检察院办理网络犯罪案件，确因客观条件限制无法逐一收集相关言词证据的，可以根据记录被害人人数、被侵害的计算机信息系统数量、涉案资金数额等犯罪事实的电子数据、书证等证据材料，在审查被告人及其辩护人所提辩解、辩护意见的基础上，综合全案证据材料，对相关犯罪事实作出认定。

第二十二条 对于数量众多的同类证据材料，在证明是否具有同样的性质、特征或者功能时，因客观条件限制不能全部验证的，可以进行抽样验证。

第二十三条 对鉴定意见、电子数据等技术性证据材料，需要进行专门审查的，应当指派检察技术人员或者聘请其他有专门知识的人进行审查并提出意见。

第二十四条 人民检察院在审查起诉过程中，具有下列情形之一的，可以依法自行侦查：

（一）公安机关未能收集的证据，特别是存在灭失、增加、删除、修改风险的电子数据，需要及时收集和固定的；

（二）经退回补充侦查未达到补充侦查要求的；

（三）其他需要自行侦查的情形。

第二十五条 自行侦查由检察官组织实施，开展自行侦查的检察人员不得少于二人。需要技术支持和安全保障的，由人民检察院技术部门和警务部门派员协助。必要时，可以要求公安机关予以配合。

第二十六条 人民检察院办理网络犯罪案件的部门，发现或者收到侵害国家利益、社会公共利益的公益诉讼案件线索的，应当及时移送负责公益诉讼的部门处理。

第三章 电子数据的审查

第二十七条 电子数据是以数字化形式存储、处理、传输的，能够证明案件事实的数据，主要包括以下形式：

（一）网页、社交平台、论坛等网络平台发布的信息；

（二）手机短信、电子邮件、即时通信、通讯群组等网络通讯信息；

（三）用户注册信息、身份认证信息、数字签名、生物识别信息等用户身份信息；

（四）电子交易记录、通信记录、浏览记录、操作记录、程序安装、运行、删除记录等用户行为信息；

（五）恶意程序、工具软件、网站源代码、运行脚本等行为工具信息；

（六）系统日志、应用程序日志、安全日志、数据库日志等系统运行信息；

（七）文档、图片、音频、视频、数字证书、数据库文件等电子文件及其创建时间、访问时间、修改时间、大小等文件附属信息。

第二十八条 电子数据取证主要包括以下方式：收集、提取电子数据；电子数据检查和侦查实验；电子数据检验和鉴定。

收集、提取电子数据可以采取以下方式：

（一）扣押、封存原始存储介质；

（二）现场提取电子数据；

（三）在线提取电子数据；

（四）冻结电子数据；

（五）调取电子数据。

第二十九条 人民检察院办理网络犯罪案件，应当围绕客观性、合法性、关联性的要求对电子数据进行全面审查。注重审查电子数据与案件事实之间的多元关联，加强综合分析，充分发挥电子数据的证明作用。

第三十条 对电子数据是否客观、真实，注重审查以下内容：

（一）是否移送原始存储介质，在原始存储介质无法封存、不便移动时，是否说明原因，并注明相关情况；

（二）电子数据是否有数字签名、数字证书等特殊标识；

（三）电子数据的收集、提取过程及结果是否可以重现；

（四）电子数据有增加、删除、修改等情形的，是否附有说明；

（五）电子数据的完整性是否可以保证。

第三十一条 对电子数据是否完整，注重审查以下内容：

（一）原始存储介质的扣押、封存状态是否完好；

（二）比对电子数据完整性校验值是否发生变化；

（三）电子数据的原件与备份是否相同；

（四）冻结后的电子数据是否生成新的操作日志。

第三十二条 对电子数据的合法性，注重审查以下内容：

（一）电子数据的收集、提取、保管的方法和过程是否规范；

（二）查询、勘验、扣押、调取、冻结等的法律手续是否齐全；

（三）勘验笔录、搜查笔录、提取笔录等取证记录是否完备；

（四）是否由符合法律规定的取证人员、见证人、持有人（提供人）等参与，因客观原因没有见证人、持有人（提供人）签名或者盖章的，是否说明原因；

（五）是否按照有关规定进行同步录音录像；

（六）对于收集、提取的境外电子数据是否符合国（区）际司法协作及相关法律规定的要求。

第三十三条 对电子数据的关联性，注重审查以下内容：

（一）电子数据与案件事实之间的关联性；

（二）电子数据及其存储介质与案件当事人之间的关联性。

第三十四条 原始存储介质被扣押封存的，注重从以下方面审查扣押封存过程是否规范：

（一）是否记录原始存储介质的品牌、型号、容量、序列号、识别码、用户标识等外观信息，是否与实物一一对应；

（二）是否封存或者计算完整性校验值，封存前后是否拍摄被封存原始存储介质的照片，照片是否清晰反映封口或者张贴封条处的状况；

（三）是否由取证人员、见证人、持有人（提供人）签名或者盖章。

第三十五条 对原始存储介质制作数据镜像予以提取固定的，注重审查以下内容：

（一）是否记录原始存储介质的品牌、型号、容量、序列号、识别码、用户标识等外观信息，是否记录原始存储介质的存放位置、使用人、保管人；

（二）是否附有制作数据镜像的工具、方法、过程等必要信息；

（三）是否计算完整性校验值；

（四）是否由取证人员、见证人、持有人（提供人）签名或者盖章。

第三十六条 提取原始存储介质中的数据内容并予以固定的，注重审查以下内容：

（一）是否记录原始存储介质的品牌、型号、容量、序列号、识别码、用户标识等外观信息，是否记录原始存储介质的存放位置、使用人、保管人；

（二）所提取数据内容的原始存储路径、提取的工具、方法、过程等信息，是否一并提取相关的附属信息、关联痕迹、系统环境等信息；

（三）是否计算完整性校验值；

（四）是否由取证人员、见证人、持有人（提供人）签名或者盖章。

第三十七条 对于在线提取的电子数据，注重审查以下内容：

（一）是否记录反映电子数据来源的网络地址、存储路径或者数据提取时的进入步骤等；

（二）是否记录远程计算机信息系统的访问方式、电子数据的提取日期和时间、提取的工具、方法等信息，是否一并提取相关的附属信息、关联痕迹、系统环境等信息；

（三）是否计算完整性校验值；

（四）是否由取证人员、见证人、持有人（提供人）签名或者盖章。

对可能无法重复提取或者可能出现变化的电子数据，是否随案移送反映提取过程的拍照、录像、截屏等材料。

第三十八条　对冻结的电子数据，注重审查以下内容：

（一）冻结手续是否符合规定；

（二）冻结的电子数据是否与案件事实相关；

（三）冻结期限是否即将到期、有无必要继续冻结或者解除；

（四）冻结期间电子数据是否被增加、删除、修改等。

第三十九条　对调取的电子数据，注重审查以下内容：

（一）调取证据通知书是否注明所调取的电子数据的相关信息；

（二）被调取单位、个人是否在通知书回执上签名或者盖章；

（三）被调取单位、个人拒绝签名、盖章的，是否予以说明；

（四）是否计算完整性校验值或者以其他方法保证电子数据的完整性。

第四十条　对电子数据进行检查、侦查实验，注重审查以下内容：

（一）是否记录检查过程、检查结果和其他需要记录的内容，并由检查人员签名或者盖章；

（二）是否记录侦查实验的条件、过程和结果，并由参加侦查实验的人员签名或者盖章；

（三）检查、侦查实验使用的电子设备、网络环境等是否与发案现场一致或者基本一致；

（四）是否使用拍照、录像、录音、通信数据采集等一种或者多种方式客观记录检查、侦查实验过程。

第四十一条　对电子数据进行检验、鉴定，注重审查以下内容：

（一）鉴定主体的合法性。包括审查司法鉴定机构、司法鉴定人员的资质，委托鉴定事项是否符合司法鉴定机构的业务范围，鉴定人员是否存在回避等情形；

（二）鉴定材料的客观性。包括鉴定材料是否真实、完整、充分，取得方式是否合法，是否与原始电子数据一致；

（三）鉴定方法的科学性。包括鉴定方法是否符合国家标准、行业标准，方法标准的选用是否符合相关规定；

（四）鉴定意见的完整性。是否包含委托人、委托时间、检材信息、鉴定或者分析论证过程、鉴定结果以及鉴定人签名、日期等内容；

（五）鉴定意见与其他在案证据能否相互印证。

对于鉴定机构以外的机构出具的检验、检测报告，可以参照本条规定进行审查。

第四十二条 行政机关在行政执法和查办案件过程中依法收集、提取的电子数据，人民检察院经审查符合法定要求的，可以作为刑事案件的证据使用。

第四十三条 电子数据的收集、提取程序有下列瑕疵，经补正或者作出合理解释的，可以采用；不能补正或者作出合理解释的，不得作为定案的根据：

（一）未以封存状态移送的；

（二）笔录或者清单上没有取证人员、见证人、持有人（提供人）签名或者盖章的；

（三）对电子数据的名称、类别、格式等注明不清的；

（四）有其他瑕疵的。

第四十四条 电子数据系篡改、伪造、无法确定真伪的，或者有其他无法保证电子数据客观、真实情形的，不得作为定案的根据。

电子数据有增加、删除、修改等情形，但经司法鉴定、当事人确认等方式确定与案件相关的重要数据未发生变化，或者能够还原电子数据原始状态、查清变化过程的，可以作为定案的根据。

第四十五条 对于无法直接展示的电子数据，人民检察院可以要求公安机关提供电子数据的内容、存储位置、附属信息、功能作用等情况的说明，随案移送人民法院。

第四章　出庭支持公诉

第四十六条 人民检察院依法提起公诉的网络犯罪案件，具有下列情形之一的，可以建议人民法院召开庭前会议：

（一）案情疑难复杂的；

（二）跨国（边）境、跨区域案件社会影响重大的；

（三）犯罪嫌疑人、被害人等人数众多、证据材料较多的；

（四）控辩双方对电子数据合法性存在较大争议的；

（五）案件涉及技术手段专业性强，需要控辩双方提前交换意见的；

（六）其他有必要召开庭前会议的情形。

必要时，人民检察院可以向法庭申请指派检察技术人员或者聘请其他有专门知识的人参加庭前会议。

第四十七条 人民法院开庭审理网络犯罪案件，公诉人出示证据可以借助多媒体示证、动态演示等方式进行。必要时，可以向法庭申请指派检察技术人员或者聘请其他有专门知识的人进行相关技术操作，并就专门性问题发表意见。

公诉人在出示电子数据时，应当从以下方面进行说明：

（一）电子数据的来源、形成过程；

（二）电子数据所反映的犯罪手段、人员关系、资金流向、行为轨迹等案件事实；

（三）电子数据与被告人供述、被害人陈述、证人证言、物证、书证等的相互印证情况；

（四）其他应当说明的内容。

第四十八条 在法庭审理过程中，被告人及其辩护人针对电子数据的客观性、合法性、关联性提出辩解或者辩护意见的，公诉人可以围绕争议点从证据来源是否合法，提取、复制、制作过程是否规范，内容是否真实完整，与案件事实有无关联等方面，有针对性地予以答辩。

第四十九条 支持、推动人民法院开庭审判网络犯罪案件全程录音录像。对庭审全程录音录像资料，必要时人民检察院可以商请人民法院复制，并将存储介质附检察卷宗保存。

第五章　跨区域协作办案

第五十条 对跨区域网络犯罪案件，上级人民检察院应当加强统一指挥和统筹协调，相关人民检察院应当加强办案协作。

第五十一条 上级人民检察院根据办案需要，可以统一调用辖区内的检察人员参与办理网络犯罪案件。

第五十二条 办理关联网络犯罪案件的人民检察院可以相互申请查阅卷宗材料、法律文书，了解案件情况，被申请的人民检察院应当予以协助。

第五十三条 承办案件的人民检察院需要向办理关联网络犯罪案件的人民检察院调取证据材料的，可以持相关法律文书和证明文件申请调取在案证据材料，被申请的人民检察院应当配合。

第五十四条 承办案件的人民检察院需要异地调查取证的，可以将相关法律文书及证明文件传输至证据所在地的人民检察院，请其代为调查取证。相关法律文书应当注明具体的取证对象、方式、内容和期限等。

被请求协助的人民检察院应当予以协助，及时将取证结果送达承办案件的人民检察院；无法及时调取的，应当作出说明。被请求协助的人民检察院有异议的，可以与承办案件的人民检察院进行协商；无法解决的，由承办案件的人民检察院报请共同的上级人民检察院决定。

第五十五条 承办案件的人民检察院需要询问异地证人、被害人的，可以通过远程视频系统进行询问，证人、被害人所在地的人民检察院应当予以协助。远程询问的，应当对询问过程进行同步录音录像。

第六章 跨国（边）境司法协作

第五十六条 办理跨国网络犯罪案件应当依照《中华人民共和国国际刑事司法协助法》及我国批准加入的有关刑事司法协助条约，加强国际司法协作，维护我国主权、安全和社会公共利益，尊重协作国司法主权、坚持平等互惠原则，提升跨国司法协作质效。

第五十七条 地方人民检察院在案件办理中需要向外国请求刑事司法协助的，应当制作刑事司法协助请求书并附相关材料，经报最高人民检察院批准后，由我国与被请求国间司法协助条约规定的对外联系机关向外国提出申请。没有刑事司法协助条约的，通过外交途径联系。

第五十八条 人民检察院参加现场移交境外证据的检察人员不少于二人，外方有特殊要求的除外。

移交、开箱、封存、登记的情况应当制作笔录，由最高人民检察院或者承办案件的人民检察院代表、外方移交人员签名或者盖章，一般应当全程录音录像。有其他见证人的，在笔录中注明。

第五十九条 人民检察院对境外收集的证据，应当审查证据来源是否合法、手续是否齐备以及证据的移交、保管、转换等程序是否连续、规范。

第六十条 人民检察院办理涉香港特别行政区、澳门特别行政区、台湾地区的网络犯罪案件，需要当地有关部门协助的，可以参照本规定及其他相关规定执行。

第七章 附　则

第六十一条 人民检察院办理网络犯罪案件适用本规定，本规定没有规定的，适用其他相关规定。

第六十二条 本规定中下列用语的含义：

（一）信息网络，包括以计算机、电视机、固定电话机、移动电话机等电子设备为终端的计算机互联网、广播电视网、固定通信网、移动通信网等信息网络，以及局域网络；

（二）存储介质，是指具备数据存储功能的电子设备、硬盘、光盘、优盘、记忆棒、存储芯片等载体；

（三）完整性校验值，是指为防止电子数据被篡改或者破坏，使用散列算法等特定算法对电子数据进行计算，得出的用于校验数据完整性的数据值；

（四）数字签名，是指利用特定算法对电子数据进行计算，得出的用于验证电子数据来源和完整性的数据值；

（五）数字证书，是指包含数字签名并对电子数据来源、完整性进行认证的电子文件；

（六）生物识别信息，是指计算机利用人体所固有的生理特征（包括人脸、指纹、声纹、虹膜、DNA等）或者行为特征（步态、击键习惯等）来进行个人身份识别的信息；

（七）运行脚本，是指使用一种特定的计算机编程语言，依据符合语法要求编写的执行指定操作的可执行文件；

（八）数据镜像，是指二进制（0101排序的数据码流）相同的数据复制件，与原件的内容无差别；

（九）MAC地址，是指计算机设备中网卡的唯一标识，每个网卡有且只有一个MAC地址。

第六十三条 人民检察院办理国家安全机关、海警机关、监狱等移送的网络犯罪案件，适用本规定和其他相关规定。

第六十四条 本规定由最高人民检察院负责解释。

第六十五条 本规定自发布之日起施行。

最高人民法院、最高人民检察院关于办理非法利用信息网络、帮助信息网络犯罪活动等刑事案件适用法律若干问题的解释

（2019年10月21日 法释〔2019〕15号）

为依法惩治拒不履行信息网络安全管理义务、非法利用信息网络、帮助信息网络犯罪活动等犯罪，维护正常网络秩序，根据《中华人民共和国刑法》《中华人民共和国刑事诉讼法》的规定，现就办理此类刑事案件适用法律的若干问题解释

反电信网络诈骗实务指引与关联犯罪追诉、量刑标准

如下：

第一条 提供下列服务的单位和个人，应当认定为刑法第二百八十六条之一第一款规定的"网络服务提供者"：

（一）网络接入、域名注册解析等信息网络接入、计算、存储、传输服务；

（二）信息发布、搜索引擎、即时通讯、网络支付、网络预约、网络购物、网络游戏、网络直播、网站建设、安全防护、广告推广、应用商店等信息网络应用服务；

（三）利用信息网络提供的电子政务、通信、能源、交通、水利、金融、教育、医疗等公共服务。

第二条 刑法第二百八十六条之一第一款规定的"监管部门责令采取改正措施"，是指网信、电信、公安等依照法律、行政法规的规定承担信息网络安全监管职责的部门，以责令整改通知书或者其他文书形式，责令网络服务提供者采取改正措施。

认定"经监管部门责令采取改正措施而拒不改正"，应当综合考虑监管部门责令改正是否具有法律、行政法规依据，改正措施及期限要求是否明确、合理，网络服务提供者是否具有按照要求采取改正措施的能力等因素进行判断。

第三条 拒不履行信息网络安全管理义务，具有下列情形之一的，应当认定为刑法第二百八十六条之一第一款第一项规定的"致使违法信息大量传播"：

（一）致使传播违法视频文件二百个以上的；

（二）致使传播违法视频文件以外的其他违法信息二千个以上的；

（三）致使传播违法信息，数量虽未达到第一项、第二项规定标准，但是按相应比例折算合计达到有关数量标准的；

（四）致使向二千个以上用户账号传播违法信息的；

（五）致使利用群组成员账号数累计三千以上的通讯群组或者关注人员账号数累计三万以上的社交网络传播违法信息的；

（六）致使违法信息实际被点击数达到五万以上的；

（七）其他致使违法信息大量传播的情形。

第四条 拒不履行信息网络安全管理义务，致使用户信息泄露，具有下列情形之一的，应当认定为刑法第二百八十六条之一第一款第二项规定的"造成严重后果"：

（一）致使泄露行踪轨迹信息、通信内容、征信信息、财产信息五百条以上的；

（二）致使泄露住宿信息、通信记录、健康生理信息、交易信息等其他可能影响人身、财产安全的用户信息五千条以上的；

（三）致使泄露第一项、第二项规定以外的用户信息五万条以上的；

（四）数量虽未达到第一项至第三项规定标准，但是按相应比例折算合计达到

有关数量标准的;

（五）造成他人死亡、重伤、精神失常或者被绑架等严重后果的;

（六）造成重大经济损失的;

（七）严重扰乱社会秩序的;

（八）造成其他严重后果的。

第五条 拒不履行信息网络安全管理义务，致使影响定罪量刑的刑事案件证据灭失，具有下列情形之一的，应当认定为刑法第二百八十六条之一第一款第三项规定的"情节严重"：

（一）造成危害国家安全犯罪、恐怖活动犯罪、黑社会性质组织犯罪、贪污贿赂犯罪案件的证据灭失的;

（二）造成可能判处五年有期徒刑以上刑罚犯罪案件的证据灭失的;

（三）多次造成刑事案件证据灭失的;

（四）致使刑事诉讼程序受到严重影响的;

（五）其他情节严重的情形。

第六条 拒不履行信息网络安全管理义务，具有下列情形之一的，应当认定为刑法第二百八十六条之一第一款第四项规定的"有其他严重情节"：

（一）对绝大多数用户日志未留存或者未落实真实身份信息认证义务的;

（二）二年内经多次责令改正拒不改正的;

（三）致使信息网络服务被主要用于违法犯罪的;

（四）致使信息网络服务、网络设施被用于实施网络攻击，严重影响生产、生活的;

（五）致使信息网络服务被用于实施危害国家安全犯罪、恐怖活动犯罪、黑社会性质组织犯罪、贪污贿赂犯罪或者其他重大犯罪的;

（六）致使国家机关或者通信、能源、交通、水利、金融、教育、医疗等领域提供公共服务的信息网络受到破坏，严重影响生产、生活的;

（七）其他严重违反信息网络安全管理义务的情形。

第七条 刑法第二百八十七条之一规定的"违法犯罪"，包括犯罪行为和属于刑法分则规定的行为类型但尚未构成犯罪的违法行为。

第八条 以实施违法犯罪活动为目的而设立或者设立后主要用于实施违法犯罪活动的网站、通讯群组，应当认定为刑法第二百八十七条之一第一款第一项规定的"用于实施诈骗、传授犯罪方法、制作或者销售违禁物品、管制物品等违法犯罪活动的网站、通讯群组"。

第九条 利用信息网络提供信息的链接、截屏、二维码、访问账号密码及其他指引访问服务的，应当认定为刑法第二百八十七条之一第一款第二项、第三项规定的"发布信息"。

第十条 非法利用信息网络，具有下列情形之一的，应当认定为刑法第二百八十七条之一第一款规定的"情节严重"：

（一）假冒国家机关、金融机构名义，设立用于实施违法犯罪活动的网站的；

（二）设立用于实施违法犯罪活动的网站，数量达到三个以上或者注册账号数累计达到二千以上的；

（三）设立用于实施违法犯罪活动的通讯群组，数量达到五个以上或者群组成员账号数累计达到一千以上的；

（四）发布有关违法犯罪的信息或者为实施违法犯罪活动发布信息，具有下列情形之一的：

1. 在网站上发布有关信息一百条以上的；

2. 向二千个以上用户账号发送有关信息的；

3. 向群组成员数累计达到三千以上的通讯群组发送有关信息的；

4. 利用关注人员账号数累计达到三万以上的社交网络传播有关信息的；

（五）违法所得一万元以上的；

（六）二年内曾因非法利用信息网络、帮助信息网络犯罪活动、危害计算机信息系统安全受过行政处罚，又非法利用信息网络的；

（七）其他情节严重的情形。

第十一条 为他人实施犯罪提供技术支持或者帮助，具有下列情形之一的，可以认定行为人明知他人利用信息网络实施犯罪，但是有相反证据的除外：

（一）经监管部门告知后仍然实施有关行为的；

（二）接到举报后不履行法定管理职责的；

（三）交易价格或者方式明显异常的；

（四）提供专门用于违法犯罪的程序、工具或者其他技术支持、帮助的；

（五）频繁采用隐蔽上网、加密通信、销毁数据等措施或者使用虚假身份，逃避监管或者规避调查的；

（六）为他人逃避监管或者规避调查提供技术支持、帮助的；

（七）其他足以认定行为人明知的情形。

第十二条 明知他人利用信息网络实施犯罪，为其犯罪提供帮助，具有下列情形之一的，应当认定为刑法第二百八十七条之二第一款规定的"情节严重"：

（一）为三个以上对象提供帮助的；

（二）支付结算金额二十万元以上的；

（三）以投放广告等方式提供资金五万元以上的；

（四）违法所得一万元以上的；

（五）二年内曾因非法利用信息网络、帮助信息网络犯罪活动、危害计算机信息系统安全受过行政处罚，又帮助信息网络犯罪活动的；

（六）被帮助对象实施的犯罪造成严重后果的；

（七）其他情节严重的情形。

实施前款规定的行为，确因客观条件限制无法查证被帮助对象是否达到犯罪的程度，但相关数额总计达到前款第二项至第四项规定标准五倍以上，或者造成特别严重后果的，应当以帮助信息网络犯罪活动罪追究行为人的刑事责任。

第十三条 被帮助对象实施的犯罪行为可以确认，但尚未到案、尚未依法裁判或者因未达到刑事责任年龄等原因依法未予追究刑事责任的，不影响帮助信息网络犯罪活动罪的认定。

第十四条 单位实施本解释规定的犯罪的，依照本解释规定的相应自然人犯罪的定罪量刑标准，对直接负责的主管人员和其他直接责任人员定罪处罚，并对单位判处罚金。

第十五条 综合考虑社会危害程度、认罪悔罪态度等情节，认为犯罪情节轻微的，可以不起诉或者免予刑事处罚；情节显著轻微危害不大的，不以犯罪论处。

第十六条 多次拒不履行信息网络安全管理义务、非法利用信息网络、帮助信息网络犯罪活动构成犯罪，依法应当追诉的，或者二年内多次实施前述行为未经处理的，数量或者数额累计计算。

第十七条 对于实施本解释规定的犯罪被判处刑罚的，可以根据犯罪情况和预防再犯罪的需要，依法宣告职业禁止；被判处管制、宣告缓刑的，可以根据犯罪情况，依法宣告禁止令。

第十八条 对于实施本解释规定的犯罪的，应当综合考虑犯罪的危害程度、违法所得数额以及被告人的前科情况、认罪悔罪态度等，依法判处罚金。

第十九条 本解释自 2019 年 11 月 1 日起施行。

最高人民法院、最高人民检察院关于办理侵犯公民个人信息刑事案件适用法律若干问题的解释

（2017 年 5 月 8 日　法释〔2017〕10 号）

为依法惩治侵犯公民个人信息犯罪活动，保护公民个人信息安全和合法权益，根据《中华人民共和国刑法》《中华人民共和国刑事诉讼法》的有关规定，现就办理此类刑事案件适用法律的若干问题解释如下：

第一条　刑法第二百五十三条之一规定的"公民个人信息",是指以电子或者其他方式记录的能够单独或者与其他信息结合识别特定自然人身份或者反映特定自然人活动情况的各种信息,包括姓名、身份证件号码、通信通讯联系方式、住址、账号密码、财产状况、行踪轨迹等。

第二条　违反法律、行政法规、部门规章有关公民个人信息保护的规定的,应当认定为刑法第二百五十三条之一规定的"违反国家有关规定"。

第三条　向特定人提供公民个人信息,以及通过信息网络或者其他途径发布公民个人信息的,应当认定为刑法第二百五十三条之一规定的"提供公民个人信息"。

未经被收集者同意,将合法收集的公民个人信息向他人提供的,属于刑法第二百五十三条之一规定的"提供公民个人信息",但是经过处理无法识别特定个人且不能复原的除外。

第四条　违反国家有关规定,通过购买、收受、交换等方式获取公民个人信息,或者在履行职责、提供服务过程中收集公民个人信息的,属于刑法第二百五十三条之一第三款规定的"以其他方法非法获取公民个人信息"。

第五条　非法获取、出售或者提供公民个人信息,具有下列情形之一的,应当认定为刑法第二百五十三条之一规定的"情节严重":

（一）出售或者提供行踪轨迹信息,被他人用于犯罪的;

（二）知道或者应当知道他人利用公民个人信息实施犯罪,向其出售或者提供的;

（三）非法获取、出售或者提供行踪轨迹信息、通信内容、征信信息、财产信息五十条以上的;

（四）非法获取、出售或者提供住宿信息、通信记录、健康生理信息、交易信息等其他可能影响人身、财产安全的公民个人信息五百条以上的;

（五）非法获取、出售或者提供第三项、第四项规定以外的公民个人信息五千条以上的;

（六）数量未达到第三项至第五项规定标准,但是按相应比例合计达到有关数量标准的;

（七）违法所得五千元以上的;

（八）将在履行职责或者提供服务过程中获得的公民个人信息出售或者提供给他人,数量或者数额达到第三项至第七项规定标准一半以上的;

（九）曾因侵犯公民个人信息受过刑事处罚或者二年内受过行政处罚,又非法获取、出售或者提供公民个人信息的;

（十）其他情节严重的情形。

实施前款规定的行为，具有下列情形之一的，应当认定为刑法第二百五十三条之一第一款规定的"情节特别严重"：

（一）造成被害人死亡、重伤、精神失常或者被绑架等严重后果的；
（二）造成重大经济损失或者恶劣社会影响的；
（三）数量或者数额达到前款第三项至第八项规定标准十倍以上的；
（四）其他情节特别严重的情形。

第六条 为合法经营活动而非法购买、收受本解释第五条第一款第三项、第四项规定以外的公民个人信息，具有下列情形之一的，应当认定为刑法第二百五十三条之一规定的"情节严重"：

（一）利用非法购买、收受的公民个人信息获利五万元以上的；
（二）曾因侵犯公民个人信息受过刑事处罚或者二年内受过行政处罚，又非法购买、收受公民个人信息的；
（三）其他情节严重的情形。

实施前款规定的行为，将购买、收受的公民个人信息非法出售或者提供的，定罪量刑标准适用本解释第五条的规定。

第七条 单位犯刑法第二百五十三条之一规定之罪的，依照本解释规定的相应自然人犯罪的定罪量刑标准，对直接负责的主管人员和其他直接责任人员定罪处罚，并对单位判处罚金。

第八条 设立用于实施非法获取、出售或者提供公民个人信息违法犯罪活动的网站、通讯群组，情节严重的，应当依照刑法第二百八十七条之一的规定，以非法利用信息网络罪定罪处罚；同时构成侵犯公民个人信息罪的，依照侵犯公民个人信息罪定罪处罚。

第九条 网络服务提供者拒不履行法律、行政法规规定的信息网络安全管理义务，经监管部门责令采取改正措施而拒不改正，致使用户的公民个人信息泄露，造成严重后果的，应当依照刑法第二百八十六条之一的规定，以拒不履行信息网络安全管理义务罪定罪处罚。

第十条 实施侵犯公民个人信息犯罪，不属于"情节特别严重"，行为人系初犯，全部退赃，并确有悔罪表现的，可以认定为情节轻微，不起诉或者免予刑事处罚；确有必要判处刑罚的，应当从宽处罚。

第十一条 非法获取公民个人信息后又出售或者提供的，公民个人信息的条数不重复计算。

向不同单位或者个人分别出售、提供同一公民个人信息的，公民个人信息的条数累计计算。

对批量公民个人信息的条数，根据查获的数量直接认定，但是有证据证明信息不真实或者重复的除外。

第十二条 对于侵犯公民个人信息犯罪，应当综合考虑犯罪的危害程度、犯罪的违法所得数额以及被告人的前科情况、认罪悔罪态度等，依法判处罚金。罚金数额一般在违法所得的一倍以上五倍以下。

第十三条 本解释自 2017 年 6 月 1 日起施行。

最高人民法院、最高人民检察院、公安部关于办理电信网络诈骗等刑事案件适用法律若干问题的意见

（2016 年 12 月 19 日　法发〔2016〕32 号）

为依法惩治电信网络诈骗等犯罪活动，保护公民、法人和其他组织的合法权益，维护社会秩序，根据《中华人民共和国刑法》《中华人民共和国刑事诉讼法》等法律和有关司法解释的规定，结合工作实际，制定本意见。

一、总体要求

近年来，利用通讯工具、互联网等技术手段实施的电信网络诈骗犯罪活动持续高发，侵犯公民个人信息，扰乱无线电通讯管理秩序，掩饰、隐瞒犯罪所得、犯罪所得收益等上下游关联犯罪不断蔓延。此类犯罪严重侵害人民群众财产安全和其他合法权益，严重干扰电信网络秩序，严重破坏社会诚信，严重影响人民群众安全感和社会和谐稳定，社会危害性大，人民群众反映强烈。

人民法院、人民检察院、公安机关要针对电信网络诈骗等犯罪的特点，坚持全链条全方位打击，坚持依法从严从快惩处，坚持最大力度最大限度追赃挽损，进一步健全工作机制，加强协作配合，坚决有效遏制电信网络诈骗等犯罪活动，努力实现法律效果和社会效果的高度统一。

二、依法严惩电信网络诈骗犯罪

（一）根据《最高人民法院、最高人民检察院关于办理诈骗刑事案件具体应用法律若干问题的解释》第一条的规定，利用电信网络技术手段实施诈骗，诈骗公私财物价值三千元以上、三万元以上、五十万元以上的，应当分别认定为刑法第二百六十六条规定的"数额较大""数额巨大""数额特别巨大"。

二年内多次实施电信网络诈骗未经处理，诈骗数额累计计算构成犯罪的，应当依法定罪处罚。

（二）实施电信网络诈骗犯罪，达到相应数额标准，具有下列情形之一的，酌情从重处罚：

1. 造成被害人或其近亲属自杀、死亡或者精神失常等严重后果的；
2. 冒充司法机关等国家机关工作人员实施诈骗的；
3. 组织、指挥电信网络诈骗犯罪团伙的；
4. 在境外实施电信网络诈骗的；
5. 曾因电信网络诈骗犯罪受过刑事处罚或者二年内曾因电信网络诈骗受过行政处罚的；
6. 诈骗残疾人、老年人、未成年人、在校学生、丧失劳动能力人的财物，或者诈骗重病患者及其亲属财物的；
7. 诈骗救灾、抢险、防汛、优抚、扶贫、移民、救济、医疗等款物的；
8. 以赈灾、募捐等社会公益、慈善名义实施诈骗的；
9. 利用电话追呼系统等技术手段严重干扰公安机关等部门工作的；
10. 利用"钓鱼网站"链接、"木马"程序链接、网络渗透等隐蔽技术手段实施诈骗的。

（三）实施电信网络诈骗犯罪，诈骗数额接近"数额巨大""数额特别巨大"的标准，具有前述第（二）条规定的情形之一的，应当分别认定为刑法第二百六十六条规定的"其他严重情节""其他特别严重情节"。

上述规定的"接近"，一般应掌握在相应数额标准的百分之八十以上。

（四）实施电信网络诈骗犯罪，犯罪嫌疑人、被告人实际骗得财物的，以诈骗罪（既遂）定罪处罚。诈骗数额难以查证，但具有下列情形之一的，应当认定为刑法第二百六十六条规定的"其他严重情节"，以诈骗罪（未遂）定罪处罚：

1. 发送诈骗信息五千条以上的，或者拨打诈骗电话五百人次以上的；
2. 在互联网上发布诈骗信息，页面浏览量累计五千次以上的。

具有上述情形，数量达到相应标准十倍以上的，应当认定为刑法第二百六十六条规定的"其他特别严重情节"，以诈骗罪（未遂）定罪处罚。

上述"拨打诈骗电话"，包括拨出诈骗电话和接听被害人回拨电话。反复拨打、接听同一电话号码，以及反复向同一被害人发送诈骗信息的，拨打、接听电话次数、发送信息条数累计计算。

因犯罪嫌疑人、被告人故意隐匿、毁灭证据等原因，致拨打电话次数、发送信息条数的证据难以收集的，可以根据经查证属实的日拨打人次数、日发送信息条数，结合犯罪嫌疑人、被告人实施犯罪的时间、犯罪嫌疑人、被告人的供述等相关证据，综合予以认定。

（五）电信网络诈骗既有既遂，又有未遂，分别达到不同量刑幅度的，依照处罚较重的规定处罚；达到同一量刑幅度的，以诈骗罪既遂处罚。

（六）对实施电信网络诈骗犯罪的被告人裁量刑罚，在确定量刑起点、基准刑时，一般应就高选择。确定宣告刑时，应当综合全案事实情节，准确把握从重、从轻量刑情节的调节幅度，保证罪责刑相适应。

（七）对实施电信网络诈骗犯罪的被告人，应当严格控制适用缓刑的范围，严格掌握适用缓刑的条件。

（八）对实施电信网络诈骗犯罪的被告人，应当更加注重依法适用财产刑，加大经济上的惩罚力度，最大限度剥夺被告人再犯的能力。

三、全面惩处关联犯罪

（一）在实施电信网络诈骗活动中，非法使用"伪基站""黑广播"，干扰无线电通讯秩序，符合刑法第二百八十八条规定的，以扰乱无线电通讯管理秩序罪追究刑事责任。同时构成诈骗罪的，依照处罚较重的规定定罪处罚。

（二）违反国家有关规定，向他人出售或者提供公民个人信息，窃取或者以其他方法非法获取公民个人信息，符合刑法第二百五十三条之一规定的，以侵犯公民个人信息罪追究刑事责任。

使用非法获取的公民个人信息，实施电信网络诈骗犯罪行为，构成数罪的，应当依法予以并罚。

（三）冒充国家机关工作人员实施电信网络诈骗犯罪，同时构成诈骗罪和招摇撞骗罪的，依照处罚较重的规定定罪处罚。

（四）非法持有他人信用卡，没有证据证明从事电信网络诈骗犯罪活动，符合刑法第一百七十七条之一第一款第（二）项规定的，以妨害信用卡管理罪追究刑事责任。

（五）明知是电信网络诈骗犯罪所得及其产生的收益，以下列方式之一予以转账、套现、取现的，依照刑法第三百一十二条第一款的规定，以掩饰、隐瞒犯罪所得、犯罪所得收益罪追究刑事责任。但有证据证明确实不知道的除外：

1. 通过使用销售点终端机具（POS机）刷卡套现等非法途径，协助转换或者转移财物的；

2. 帮助他人将巨额现金散存于多个银行账户，或在不同银行账户之间频繁划转的；

3. 多次使用或者使用多个非本人身份证明开设的信用卡、资金支付结算账户或者多次采用遮蔽摄像头、伪装等异常手段，帮助他人转账、套现、取现的；

4. 为他人提供非本人身份证明开设的信用卡、资金支付结算账户后，又帮助他人转账、套现、取现的；

5. 以明显异于市场的价格，通过手机充值、交易游戏点卡等方式套现的。

实施上述行为，事前通谋的，以共同犯罪论处。

实施上述行为，电信网络诈骗犯罪嫌疑人尚未到案或案件尚未依法裁判，但现有证据足以证明该犯罪行为确实存在的，不影响掩饰、隐瞒犯罪所得、犯罪所得收益罪的认定。

实施上述行为，同时构成其他犯罪的，依照处罚较重的规定定罪处罚。法律和司法解释另有规定的除外。

（六）网络服务提供者不履行法律、行政法规规定的信息网络安全管理义务，经监管部门责令采取改正措施而拒不改正，致使诈骗信息大量传播，或者用户信息泄露造成严重后果的，依照刑法第二百八十六条之一的规定，以拒不履行信息网络安全管理义务罪追究刑事责任。同时构成诈骗罪的，依照处罚较重的规定定罪处罚。

（七）实施刑法第二百八十七条之一、第二百八十七条之二规定之行为，构成非法利用信息网络罪、帮助信息网络犯罪活动罪，同时构成诈骗罪的，依照处罚较重的规定定罪处罚。

（八）金融机构、网络服务提供者、电信业务经营者等在经营活动中，违反国家有关规定，被电信网络诈骗犯罪分子利用，使他人遭受财产损失的，依法承担相应责任。构成犯罪的，依法追究刑事责任。

四、准确认定共同犯罪与主观故意

（一）三人以上为实施电信网络诈骗犯罪而组成的较为固定的犯罪组织，应依法认定为诈骗犯罪集团。对组织、领导犯罪集团的首要分子，按照集团所犯的全部罪行处罚。对犯罪集团中组织、指挥、策划者和骨干分子依法从严惩处。

对犯罪集团中起次要、辅助作用的从犯，特别是在规定期限内投案自首、积极协助抓获主犯、积极协助追赃的，依法从轻或减轻处罚。

对犯罪集团首要分子以外的主犯，应当按照其所参与的或者组织、指挥的全部犯罪处罚。全部犯罪包括能够查明具体诈骗数额的事实和能够查明发送诈骗信息条数、拨打诈骗电话人次数、诈骗信息网页浏览次数的事实。

（二）多人共同实施电信网络诈骗，犯罪嫌疑人、被告人应对其参与期间该诈骗团伙实施的全部诈骗行为承担责任。在其所参与的犯罪环节中起主要作用的，可以认定为主犯；起次要作用的，可以认定为从犯。

上述规定的"参与期间"，从犯罪嫌疑人、被告人着手实施诈骗行为开始起算。

（三）明知他人实施电信网络诈骗犯罪，具有下列情形之一的，以共同犯罪论处，但法律和司法解释另有规定的除外：

1. 提供信用卡、资金支付结算账户、手机卡、通讯工具的；
2. 非法获取、出售、提供公民个人信息的；
3. 制作、销售、提供"木马"程序和"钓鱼软件"等恶意程序的；
4. 提供"伪基站"设备或相关服务的；

5. 提供互联网接入、服务器托管、网络存储、通讯传输等技术支持，或者提供支付结算等帮助的；

6. 在提供改号软件、通话线路等技术服务时，发现主叫号码被修改为国内党政机关、司法机关、公共服务部门号码，或者境外用户改为境内号码，仍提供服务的；

7. 提供资金、场所、交通、生活保障等帮助的；

8. 帮助转移诈骗犯罪所得及其产生的收益，套现、取现的。

上述规定的"明知他人实施电信网络诈骗犯罪"，应当结合被告人的认知能力、既往经历、行为次数和手段、与他人关系、获利情况、是否曾因电信网络诈骗受过处罚、是否故意规避调查等主客观因素进行综合分析认定。

（四）负责招募他人实施电信网络诈骗犯罪活动，或者制作、提供诈骗方案、术语清单、语音包、信息等的，以诈骗共同犯罪论处。

（五）部分犯罪嫌疑人在逃，但不影响对已到案共同犯罪嫌疑人、被告人的犯罪事实认定的，可以依法先行追究已到案共同犯罪嫌疑人、被告人的刑事责任。

五、依法确定案件管辖

（一）电信网络诈骗犯罪案件一般由犯罪地公安机关立案侦查，如果由犯罪嫌疑人居住地公安机关立案侦查更为适宜的，可以由犯罪嫌疑人居住地公安机关立案侦查。犯罪地包括犯罪行为发生地和犯罪结果发生地。

"犯罪行为发生地"包括用于电信网络诈骗犯罪的网站服务器所在地，网站建立者、管理者所在地，被侵害的计算机信息系统或其管理者所在地，犯罪嫌疑人、被害人使用的计算机信息系统所在地，诈骗电话、短信息、电子邮件等的拨打地、发送地、到达地、接受地，以及诈骗行为持续发生的实施地、预备地、开始地、途经地、结束地。

"犯罪结果发生地"包括被害人被骗时所在地，以及诈骗所得财物的实际取得地、藏匿地、转移地、使用地、销售地等。

（二）电信网络诈骗最初发现地公安机关侦办的案件，诈骗数额当时未达到"数额较大"标准，但后续累计达到"数额较大"标准，可由最初发现地公安机关立案侦查。

（三）具有下列情形之一的，有关公安机关可以在其职责范围内并案侦查：

1. 一人犯数罪的；

2. 共同犯罪的；

3. 共同犯罪的犯罪嫌疑人还实施其他犯罪的；

4. 多个犯罪嫌疑人实施的犯罪存在直接关联，并案处理有利于查明案件事实的。

（四）对因网络交易、技术支持、资金支付结算等关系形成多层级链条、跨区域的电信网络诈骗等犯罪案件，可由共同上级公安机关按照有利于查清犯罪事实、有利于诉讼的原则，指定有关公安机关立案侦查。

（五）多个公安机关都有权立案侦查的电信网络诈骗等犯罪案件，由最初受理的公安机关或者主要犯罪地公安机关立案侦查。有争议的，按照有利于查清犯罪事实、有利于诉讼的原则，协商解决。经协商无法达成一致的，由共同上级公安机关指定有关公安机关立案侦查。

（六）在境外实施的电信网络诈骗等犯罪案件，可由公安部按照有利于查清犯罪事实、有利于诉讼的原则，指定有关公安机关立案侦查。

（七）公安机关立案、并案侦查，或因有争议，由共同上级公安机关指定立案侦查的案件，需要提请批准逮捕、移送审查起诉、提起公诉的，由该公安机关所在地的人民检察院、人民法院受理。

对重大疑难复杂案件和境外案件，公安机关应在指定立案侦查前，向同级人民检察院、人民法院通报。

（八）已确定管辖的电信诈骗共同犯罪案件，在逃的犯罪嫌疑人归案后，一般由原管辖的公安机关、人民检察院、人民法院管辖。

六、证据的收集和审查判断

（一）办理电信网络诈骗案件，确因被害人人数众多等客观条件的限制，无法逐一收集被害人陈述的，可以结合已收集的被害人陈述，以及经查证属实的银行账户交易记录、第三方支付结算账户交易记录、通话记录、电子数据等证据，综合认定被害人人数及诈骗资金数额等犯罪事实。

（二）公安机关采取技术侦查措施收集的案件证明材料，作为证据使用的，应当随案移送批准采取技术侦查措施的法律文书和所收集的证据材料，并对其来源等作出书面说明。

（三）依照国际条约、刑事司法协助、互助协议或平等互助原则，请求证据材料所在地司法机关收集，或通过国际警务合作机制、国际刑警组织启动合作取证程序收集的境外证据材料，经查证属实，可以作为定案的依据。公安机关应对其来源、提取人、提取时间或者提供人、提供时间以及保管移交的过程等作出说明。

对其他来自境外的证据材料，应当对其来源、提供人、提供时间以及提取人、提取时间进行审查。能够证明案件事实且符合刑事诉讼法规定的，可以作为证据使用。

七、涉案财物的处理

（一）公安机关侦办电信网络诈骗案件，应当随案移送涉案赃款赃物，并附清单。人民检察院提起公诉时，应一并移交受理案件的人民法院，同时就涉案赃款赃物的处理提出意见。

（二）涉案银行账户或者涉案第三方支付账户内的款项，对权属明确的被害人的合法财产，应当及时返还。确因客观原因无法查实全部被害人，但有证据证明该账户系用于电信网络诈骗犯罪，且被告人无法说明款项合法来源的，根据刑法第六十四条的规定，应认定为违法所得，予以追缴。

（三）被告人已将诈骗财物用于清偿债务或者转让给他人，具有下列情形之一的，应当依法追缴：

1. 对方明知是诈骗财物而收取的；
2. 对方无偿取得诈骗财物的；
3. 对方以明显低于市场的价格取得诈骗财物的；
4. 对方取得诈骗财物系源于非法债务或者违法犯罪活动的。

他人善意取得诈骗财物的，不予追缴。

最高人民法院、最高人民检察院、公安部、工业和信息化部、中国人民银行、中国银行业监督管理委员会关于防范和打击电信网络诈骗犯罪的通告

（2016年9月23日）

电信网络诈骗犯罪是严重影响人民群众合法权益、破坏社会和谐稳定的社会公害，必须坚决依法严惩。为切实保障广大人民群众合法权益，维护社会和谐稳定，根据《中华人民共和国刑法》《中华人民共和国刑事诉讼法》《全国人民代表大会常务委员会关于加强网络信息保护的决定》等有关规定，现就防范和打击电信网络诈骗犯罪相关事项通告如下：

一、凡是实施电信网络诈骗犯罪的人员，必须立即停止一切违法犯罪活动。自本通告发布之日起至2016年10月31日，主动投案、如实供述自己罪行的，依法从轻或者减轻处罚，在此规定期限内拒不投案自首的，将依法从严惩处。

二、公安机关要主动出击，将电信网络诈骗案件依法立为刑事案件，集中侦破一批案件、打掉一批犯罪团伙、整治一批重点地区，坚决拔掉一批地域性职业电信网络诈骗犯罪"钉子"。对电信网络诈骗案件，公安机关、人民检察院、人民法院

要依法快侦、快捕、快诉、快审、快判，坚决遏制电信网络诈骗犯罪发展蔓延势头。

三、电信企业（含移动转售企业，下同）要严格落实电话用户真实身份信息登记制度，确保到 2016 年 10 月底前全部电话实名率达到 96%，年底前达到 100%。未实名登记的单位和个人，应按要求对所持有的电话进行实名登记，在规定时间内未完成真实身份信息登记的，一律予以停机。电信企业在为新入网用户办理真实身份信息登记手续时，要通过采取二代身份证识别设备、联网核验等措施验证用户身份信息，并现场拍摄和留存用户照片。

四、电信企业立即开展一证多卡用户的清理，对同一用户在同一家基础电信企业或同一移动转售企业办理有效使用的电话卡达到 5 张的，该企业不得为其开办新的电话卡。电信企业和互联网企业要采取措施阻断改号软件网上发布、搜索、传播、销售渠道，严禁违法网络改号电话的运行、经营。电信企业要严格规范国际通信业务出入口局主叫号码传送，全面实施语音专线规范清理和主叫鉴权，加大网内和网间虚假主叫发现与拦截力度，立即清理规范一号通、商务总机、400 等电话业务，对违规经营的网络电话业务一律依法予以取缔，对违规经营的各级代理商责令限期整改，逾期不改的一律由相关部门吊销执照，并严肃追究民事、行政责任。移动转售企业要依法开展业务，对整治不力、屡次违规的移动转售企业，将依法坚决查处，直至取消相应资质。

五、各商业银行要抓紧完成借记卡存量清理工作，严格落实"同一客户在同一商业银行开立借记卡原则上不得超过 4 张"等规定。任何单位和个人不得出租、出借、出售银行账户（卡）和支付账户，构成犯罪的依法追究刑事责任。自 2016 年 12 月 1 日起，同一个人在同一家银行业金融机构只能开立一个Ⅰ类银行账户，在同一家非银行支付机构只能开立一个Ⅲ类支付账户。自 2017 年起，银行业金融机构和非银行支付机构对经设区市级及以上公安机关认定的出租、出借、出售、购买银行账户（卡）或支付账户的单位和个人及相关组织者，假冒他人身份或虚构代理关系开立银行账户（卡）或支付账户的单位和个人，5 年内停止其银行账户（卡）非柜面业务、支付账户所有业务，3 年内不得为其新开立账户。对经设区市级及以上公安机关认定为被不法分子用于电信网络诈骗作案的涉案账户，将对涉案账户开户人名下其他银行账户暂停非柜面业务，支付账户暂停全部业务。自 2016 年 12 月 1 日起，个人通过银行自助柜员机向非同名账户转账的，资金 24 小时后到账。

六、严禁任何单位和个人非法获取、非法出售、非法向他人提供公民个人信息。对泄露、买卖个人信息的违法犯罪行为，坚决依法打击。对互联网上发布的贩卖信息、软件、木马病毒等要及时监控、封堵、删除，对相关网站和网络账号要依法关停，构成犯罪的依法追究刑事责任。

七、电信企业、银行、支付机构和银联，要切实履行主体责任，对责任落实不到位导致被不法分子用于实施电信网络诈骗犯罪的，要依法追究责任。各级行业主管部门要落实监管责任，对监管不到位的，要严肃问责。对因重视不够、防范、打击、整治措施不落实，导致电信网络诈骗犯罪问题严重的地区、部门、国有电信企业、银行和支付机构，坚决依法实行社会治安综合治理"一票否决"，并追究相关责任人的责任。

八、各地各部门要加大宣传力度，广泛开展宣传报道，形成强大舆论声势。要运用多种媒体渠道，及时向公众发布电信网络犯罪预警提示，普及法律知识，提高公众对各类电信网络诈骗的鉴别能力和安全防范意识。

九、欢迎广大人民群众积极举报相关违法犯罪线索，对在捣毁特大犯罪窝点、打掉特大犯罪团伙中发挥重要作用的，予以重奖，并依法保护举报人的个人信息及安全。

本通告自发布之日起施行。

中国人民银行、工业和信息化部、公安部、国家工商行政管理总局关于建立电信网络新型违法犯罪涉案账户紧急止付和快速冻结机制的通知

（2016年3月18日　银发〔2016〕86号）

为提高公安机关冻结诈骗资金效率，切实保护社会公众财产安全，中国人民银行、工业和信息化部、公安部、工商总局决定建立电信网络新型违法犯罪涉案账户紧急止付和快速冻结机制。现就有关事项通知如下：

一、开通管理平台紧急止付、快速冻结功能

自2016年6月1日起，各银行业金融机构（以下简称银行）、公安机关通过接口方式与电信网络新型违法犯罪交易风险事件管理平台（以下简称管理平台）连接，实现对涉案账户的紧急止付、快速冻结、信息共享和快速查询功能。获得网络支付业务许可的非银行支付机构（以下简称支付机构）应于2016年12月31日前，通过接口方式与管理平台连接，实现上述功能。

二、规范紧急止付、快速冻结业务流程

公安机关、银行、支付机构依托管理平台收发电子报文，对涉案账户采取紧急止付、快速冻结措施。

（一）止付流程。

1. 被害人申请紧急止付。被害人被骗后，可拨打报警电话（110），直接向公安机关报案；也可向开户行所在地同一法人银行的任一网点举报。涉案账户为支付账户的向公安机关报案。

被害人向银行举报的，应出示本人有效身份证件，填写《紧急止付申请表》（见附件），详细说明资金汇出账户、收款人开户行名称、收款人账户（以下简称止付账户）、汇出金额、汇出时间、汇出渠道、疑似诈骗电话或短信内容等，承诺承担相关的法律责任并签名确认。同时，银行应当告知被害人拨打当地110报警电话。公安机关110报警服务台应立即指定辖区内的公安机关受理并告知被害人。被害人将110指定的受案公安机关名称告知银行。银行应当立即将《紧急止付申请表》以及被害人身份证件扫描件，通过管理平台发送至受案公安机关。

2. 紧急止付。公安机关应将加盖电子签章的紧急止付指令，以报文形式通过管理平台发送至止付账户开户行总行或支付机构，止付账户开户行总行或支付机构通过本单位业务系统，对相关账户的户名、账号、汇款金额和交易时间进行核对。核对一致的，立即进行止付操作，止付期限为自止付时点起48小时；核对不一致的，不得进行止付操作。止付银行或支付机构完成相关操作后，立即通过管理平台发送"紧急止付结果反馈报文"。公安机关可根据办案需要对同一账户再次止付，但止付次数以两次为限。

3. 冻结账户。公安机关应当在止付期限内，对被害人报案事项的真实性进行审查。报案事项属实的，经公安机关负责人批准，予以立案，并通过管理平台向止付账户开户行总行或支付机构发送"协助冻结财产通知报文"。银行或支付机构收到"协助冻结财产通知报文"后，对相应账户进行冻结。在止付期限内，未收到公安机关"协助冻结财产通知报文"的，止付期满后账户自动解除止付。

4. 同一法人银行特殊情形处理。如被害人开户行和止付账户开户行属于同一法人银行的，在情况紧急时，止付账户开户行可先行采取紧急止付，同时告知被害人立即报案，公安机关应在24小时内将紧急止付指令通过管理平台补送到止付银行。

（二）延伸止付。

如被害人被骗资金已被转出，止付账户开户行总行或支付机构应当将资金划转信息通过管理平台反馈公安机关，由公安机关决定是否延伸止付。若公安机关选择延伸止付，应通过管理平台将"延伸紧急止付报文"发送到相关银行或支付机构采取延伸止付。止付时间从止付操作起计算，止付期限为48小时。

延伸止付账户开户行或支付机构应根据"延伸紧急止付报文"，对涉案账户立即采取延伸止付，并将"延伸紧急止付结果反馈报文"通过管理平台反馈至发起延伸止付的公安机关。

如资金被多次转移的，应当进行多次延伸止付。多次延伸止付流程同上。

（三）明确责任。

客户恶意举报或因客户恶意举报采取的紧急止付措施对开户银行、开户支付机构、止付银行、止付支付机构以及止付账户户主等相关当事人造成损失和涉及法律责任的，应依法追究报案人责任。

三、限制涉案及可疑账户业务

银行、支付机构应对涉案账户或可疑账户采取业务限制措施。

（一）信息报送。

公安机关将涉案账户信息通过"涉案账户信息统计报文"发送到管理平台；银行、支付机构、公安机关将可疑账户信息通过"可疑账户信息统计报文"发送到管理平台。

（二）限制银行账户业务。

对于纳入"涉案账户信息"的账户（卡），开户银行应中止其业务，及时封停涉案账户（卡）在境内和境外的转账、取现等功能；银行不得向纳入"涉案账户信息"账户（卡）办理转账汇款、存现业务。对于纳入"涉案账户信息"的支付账户，支付机构应中止其转账支付业务。对于纳入"可疑账户信息"的账户，开户银行应取消其网上银行、手机银行、境内和境外自动柜员机（ATM）取现功能；汇入银行或支付机构客户账户（卡）纳入"可疑账户信息"的，汇出银行或支付机构应向汇款人提示"收款账户可疑，谨防诈骗"。

（三）加强对涉案账户的监测。

对于纳入"涉案账户信息"和"可疑账户信息"的客户，银行、支付机构应对其采取重新识别客户身份的措施，加强对其交易活动的监测；对于认定存在诈骗洗钱行为的客户信息应及时报送中国反洗钱监测分析中心。

四、相关要求

（一）人民银行、公安机关、电信主管部门、工商行政管理部门和银行、支付机构应加强沟通、密切配合，积极推进信息共享，建立高效运转的紧急止付和快速冻结工作机制，推动紧急止付和快速冻结顺利实施，最大限度挽回社会公众的财产损失。

（二）银行、支付机构和公安机关应根据本通知要求细化并制定本单位紧急止付和快速冻结操作规范，规范电信网络新型违法犯罪报案流程，核实报案人的身份信息，明确相关法律责任；完成系统改造，按期接入管理平台，及时上报和同步更新涉案账户信息库，实现对涉案账户的紧急止付、快速冻结。同时，银行、支付机构应对账户的网上交易记录 IP 地址进行集中管理，便于公安机关查询取证。

（三）公安机关应当积极受理电信网络新型违法犯罪报案，核实情况属实后应当立即予以立案，及时向银行、支付机构发送冻结指令并出具冻结法律文书。银行、支付机构应畅通本单位内部紧急止付和快速冻结通道，认真核实涉案账户流转情况，对涉案账户实现业务控制。

（四）各银行、支付机构、公安机关、电信主管部门应加强电信网络新型违法犯罪的宣传教育，及时通报电信网络新型违法犯罪案例，总结作案手段和特点，交流防堵经验做法，展示宣传资料，提高一线人员的防范和识别能力，加强社会公众风险防范意识，有效劝阻、提示社会公众谨防诈骗。

请人民银行上海总部，各分行、营业管理部、省会（首府）城市中心支行，深圳市中心支行会同各省、自治区、直辖市及计划单列市通信管理局、公安厅（局）、工商行政管理局（市场监督管理部门）；新疆生产建设兵团公安局及时将本通知转发至辖区内相关机构。

附件：紧急止付申请表（略）

全国人民代表大会常务委员会
关于加强网络信息保护的决定

（2012年12月28日第十一届全国人民代表大会常务委员会第三十次会议通过）

为了保护网络信息安全，保障公民、法人和其他组织的合法权益，维护国家安全和社会公共利益，特作如下决定：

一、国家保护能够识别公民个人身份和涉及公民个人隐私的电子信息。

任何组织和个人不得窃取或者以其他非法方式获取公民个人电子信息，不得出售或者非法向他人提供公民个人电子信息。

二、网络服务提供者和其他企业事业单位在业务活动中收集、使用公民个人电子信息，应当遵循合法、正当、必要的原则，明示收集、使用信息的目的、方式和范围，并经被收集者同意，不得违反法律、法规的规定和双方的约定收集、使用信息。

网络服务提供者和其他企业事业单位收集、使用公民个人电子信息，应当公开其收集、使用规则。

三、网络服务提供者和其他企业事业单位及其工作人员对在业务活动中收集的公民个人电子信息必须严格保密，不得泄露、篡改、毁损，不得出售或者非法向他人提供。

四、网络服务提供者和其他企业事业单位应当采取技术措施和其他必要措施，确保信息安全，防止在业务活动中收集的公民个人电子信息泄露、毁损、丢失。在发生或者可能发生信息泄露、毁损、丢失的情况时，应当立即采取补救措施。

五、网络服务提供者应当加强对其用户发布的信息的管理，发现法律、法规禁止发布或者传输的信息的，应当立即停止传输该信息，采取消除等处置措施，保存有关记录，并向有关主管部门报告。

六、网络服务提供者为用户办理网站接入服务，办理固定电话、移动电话等入网手续，或者为用户提供信息发布服务，应当在与用户签订协议或者确认提供服务时，要求用户提供真实身份信息。

七、任何组织和个人未经电子信息接收者同意或者请求，或者电子信息接收者明确表示拒绝的，不得向其固定电话、移动电话或者个人电子邮箱发送商业性电子信息。

八、公民发现泄露个人身份、散布个人隐私等侵害其合法权益的网络信息，或者受到商业性电子信息侵扰的，有权要求网络服务提供者删除有关信息或者采取其他必要措施予以制止。

九、任何组织和个人对窃取或者以其他非法方式获取、出售或者非法向他人提供公民个人电子信息的违法犯罪行为以及其他网络信息违法犯罪行为，有权向有关主管部门举报、控告；接到举报、控告的部门应当依法及时处理。被侵权人可以依法提起诉讼。

十、有关主管部门应当在各自职权范围内依法履行职责，采取技术措施和其他必要措施，防范、制止和查处窃取或者以其他非法方式获取、出售或者非法向他人提供公民个人电子信息的违法犯罪行为以及其他网络信息违法犯罪行为。有关主管部门依法履行职责时，网络服务提供者应当予以配合，提供技术支持。

国家机关及其工作人员对在履行职责中知悉的公民个人电子信息应当予以保密，不得泄露、篡改、毁损，不得出售或者非法向他人提供。

十一、对有违反本决定行为的，依法给予警告、罚款、没收违法所得、吊销许可证或者取消备案、关闭网站、禁止有关责任人员从事网络服务业务等处罚，记入社会信用档案并予以公布；构成违反治安管理行为的，依法给予治安管理处罚。构成犯罪的，依法追究刑事责任。侵害他人民事权益的，依法承担民事责任。

十二、本决定自公布之日起施行。

最高人民法院、最高人民检察院关于办理诈骗刑事案件具体应用法律若干问题的解释

(2011年3月1日　法释〔2011〕7号)

为依法惩治诈骗犯罪活动，保护公私财产所有权，根据刑法、刑事诉讼法有关规定，结合司法实践的需要，现就办理诈骗刑事案件具体应用法律的若干问题解释如下：

第一条 诈骗公私财物价值三千元至一万元以上、三万元至十万元以上、五十万元以上的，应当分别认定为刑法第二百六十六条规定的"数额较大"、"数额巨大"、"数额特别巨大"。

各省、自治区、直辖市高级人民法院、人民检察院可以结合本地区经济社会发展状况，在前款规定的数额幅度内，共同研究确定本地区执行的具体数额标准，报最高人民法院、最高人民检察院备案。

第二条 诈骗公私财物达到本解释第一条规定的数额标准，具有下列情形之一的，可以依照刑法第二百六十六条的规定酌情从严惩处：

（一）通过发送短信、拨打电话或者利用互联网、广播电视、报刊杂志等发布虚假信息，对不特定多数人实施诈骗的；

（二）诈骗救灾、抢险、防汛、优抚、扶贫、移民、救济、医疗款物的；

（三）以赈灾募捐名义实施诈骗的；

（四）诈骗残疾人、老年人或者丧失劳动能力人的财物的；

（五）造成被害人自杀、精神失常或者其他严重后果的。

诈骗数额接近本解释第一条规定的"数额巨大"、"数额特别巨大"的标准，并具有前款规定的情形之一或者属于诈骗集团首要分子的，应当分别认定为刑法第二百六十六条规定的"其他严重情节"、"其他特别严重情节"。

第三条 诈骗公私财物虽已达到本解释第一条规定的"数额较大"的标准，但具有下列情形之一，且行为人认罪、悔罪的，可以根据刑法第三十七条、刑事诉讼法第一百四十二条的规定不起诉或者免予刑事处罚：

（一）具有法定从宽处罚情节的；

（二）一审宣判前全部退赃、退赔的；

（三）没有参与分赃或者获赃较少且不是主犯的；

（四）被害人谅解的；

（五）其他情节轻微、危害不大的。

第四条 诈骗近亲属的财物，近亲属谅解的，一般可不按犯罪处理。

诈骗近亲属的财物，确有追究刑事责任必要的，具体处理也应酌情从宽。

第五条 诈骗未遂，以数额巨大的财物为诈骗目标的，或者具有其他严重情节的，应当定罪处罚。

利用发送短信、拨打电话、互联网等电信技术手段对不特定多数人实施诈骗，诈骗数额难以查证，但具有下列情形之一的，应当认定为刑法第二百六十六条规定的"其他严重情节"，以诈骗罪（未遂）定罪处罚：

（一）发送诈骗信息五千条以上的；

（二）拨打诈骗电话五百人次以上的；

（三）诈骗手段恶劣、危害严重的。

实施前款规定行为，数量达到前款第（一）、（二）项规定标准十倍以上的，或者诈骗手段特别恶劣、危害特别严重的，应当认定为刑法第二百六十六条规定的"其他特别严重情节"，以诈骗罪（未遂）定罪处罚。

第六条 诈骗既有既遂，又有未遂，分别达到不同量刑幅度的，依照处罚较重的规定处罚；达到同一量刑幅度的，以诈骗罪既遂处罚。

第七条 明知他人实施诈骗犯罪，为其提供信用卡、手机卡、通讯工具、通讯传输通道、网络技术支持、费用结算等帮助的，以共同犯罪论处。

第八条 冒充国家机关工作人员进行诈骗，同时构成诈骗罪和招摇撞骗罪的，依照处罚较重的规定定罪处罚。

第九条 案发后查封、扣押、冻结在案的诈骗财物及其孳息，权属明确的，应当发还被害人；权属不明确的，可按被骗款物占查封、扣押、冻结在案的财物及其孳息总额的比例发还被害人，但已获退赔的应予扣除。

第十条 行为人已将诈骗财物用于清偿债务或者转让给他人，具有下列情形之一的，应当依法追缴：

（一）对方明知是诈骗财物而收取的；

（二）对方无偿取得诈骗财物的；

（三）对方以明显低于市场的价格取得诈骗财物的；

（四）对方取得诈骗财物系源于非法债务或者违法犯罪活动的。

他人善意取得诈骗财物的，不予追缴。

第十一条 以前发布的司法解释与本解释不一致的，以本解释为准。

图书在版编目（CIP）数据

反电信网络诈骗实务指引与关联犯罪追诉、量刑标准／郭旨龙编著．—北京：中国法制出版社，2023.2（2024.5重印）

ISBN 978-7-5216-3214-9

Ⅰ．①反… Ⅱ．①郭… Ⅲ．①电信-诈骗-预防犯罪-法规-研究-中国②互联网络-诈骗-预防犯罪-法规-研究-中国 Ⅳ．①D924.334

中国版本图书馆 CIP 数据核字（2022）第 251248 号

策划编辑／责任编辑：黄丹丹　　　　　　　　　　　　　　封面设计：杨鑫宇

反电信网络诈骗实务指引与关联犯罪追诉、量刑标准
FAN DIANXIN WANGLUO ZHAPIAN SHIWU ZHIYIN YU GUANLIAN FANZUI ZHUISU、LIANGXING BIAOZHUN

编著／郭旨龙
经销／新华书店
印刷／北京虎彩文化传播有限公司
开本／710 毫米×1000 毫米　16 开　　　　　　印张／10　字数／143 千
版次／2023 年 2 月第 1 版　　　　　　　　　　2024 年 5 月第 2 次印刷

中国法制出版社出版
书号 ISBN 978-7-5216-3214-9　　　　　　　　　　定价：36.00 元

北京市西城区西便门西里甲 16 号西便门办公区
邮政编码：100053　　　　　　　　　　　　　　传真：010-63141600
网址：http：//www.zgfzs.com　　　　　　　　　编辑部电话：010-63141812
市场营销部电话：010-63141612　　　　　　　　印务部电话：010-63141606

（如有印装质量问题，请与本社印务部联系。）